JN089450

経営コンサルタントビジネス開発体系

加賀　博著

カナリアコミュニケーションズ

はじめに

　時代は絶えず変化しています。特に21世紀は、コンピュータテクノロジーと通信革命により世界のあらゆる地域・国々、そして人々に情報が伝達し、共有化できる時代になりました。まさに情報のグローバル化が進み、情報の内容・価値が変化しています。IT・IOT・ICT・AIの時代です。

　そしてまた全世界に新型コロナウィルス感染拡大により政治・経済・企業経営、そして働き方・生き方の価値観を変えなければならない時代となりました。つまりパラダイムチェンジ新時代と言えます。こうした時代に適応し企業経営を分析指導し、サポートすべき中小企業診断士の使命、役割はますます期待されています。

　しかし現状を振り返ると難関な国家資格である中小企業診断士の資格を取っても独立起業し経営コンサルタントビジネスを成功させている診断士は意外と少ないと言われています。資格は取れても十分な活躍の場、すなわち経営コンサルタントビジネスを開発向上出来ていないのが現状です。

　そこで中小企業診断士が経営コンサルタントビジネスを成功に導くための理念・環境整備方法といかにして経営コンサルタントビジネスモデルを設計し実践するかを体系的にまとめさせていただきました。タイトルは、中小企業診断士＆経営コンサルタントのビジネス力・キャリア力アップのための「経営コンサルタントビジネス開発体系」です。

　私は、千葉商科大学大学院中小企業診断士養成コースのスタートから10数年客員教授として教鞭を取らせていただいております。また30年間に至る経営コンサルタントの体験・実績をベースに、加賀経営コンサルビジネス塾を開催し、中小企業診断士の皆さま及び将来、中小企業診断士を目指される皆さまに少しでもお役に立てればと日々精進を重ねています。

　最後になりましたが、出版にあたり株式会社ジーアップキャリアセンターの野田啓子様及び株式会社カナリアコミュニケーションズ取締役・佐々木 紀行様には多大なご支援ご協力を賜り心より感謝申し上げます。

CONTENTS

I 新型コロナ大不況による
経営大変動と
経営コンサルティングテーマと対策

I

1　グローバル大不況時代の経営環境

　2020 年までは世界はグローバル化を進め各国特有の産物産業、必要な人材が世界中に移転され、各国とも国の特有資源に基づいて経済発展が進められてきました。特に中国やインドそして南米地域・アフリカ地域の国々もグローバル化に伴い大発展してきました。

　ところが、新型コロナウィルスの世界中への感染拡大により、また経済大国の米国と中国との政治的経済的摩擦により、自国ファースト的な考えが主流になり、グローバル化推進に最も重要とされる共労、共感、共有を重要視する経済政策が大きく歪めいています。

　さて、こうした自然的脅威と人工的脅威が重なり、世界の経済環境、経営環境が大変動しています。この未曾有の大変動に対し、いかにして企業を守り維持、発展するかは従来の経営の考え方、価値観、人材では役に立ちません。まさに根本的経営大改革が必要となります。そのためには、経営者（経営人材）の改革、経営戦略の改革、経営手法の改革など、経営のすべて改革を推進する必要があります。

　そのためには自社内の人材だけでは出来るものではありません。従って、いかに外部の人材、ノウハウ、システム（アウトソース）を多様に活用するかです。そしてこれらの役割を担うのはまさに中小企業診断士（経営コンサルタント）である経営のプロフェッショナルアドバイザーと言えます。

2　コロナ大影響による 10 の経営パラダイムチェンジ

　未曾有な大変動に対して経営改革を推進するためには、経営のパラダイムチェンジをよく考え分析し対策することです。まず考えられる経営パラダイムチェンジは以下の 10 点にまとめられます。それぞれの改革テーマのメジャー（ものさし）とすることが重要です。

　経営コンサルティング対象企業（クライアント）がこの 10 のテーマについてどの様に改革対策を取るかを分析しコンサルティング計画を戦略的に立案し、具

体的指導・支援を行うことが重要となります。

①集中から分散へ
②関連から分断へ
③長期から短期へ
④大量から少量へ
⑤成長から維持（継続）へ
⑥資本から人材へ
⑦都市から地方へ
⑧大から小へ
⑨所有から活用へ
⑩出世から自律へ

次に以上 10 のパラダイムチェンジについてポイントを説明します。

①集中から分散へ

政治も経済も企業も組織本部に権力、権限が集中し、統制を取る（ガバナンス）ことが行われてきました。しかし、新型コロナウィルス対策として集中統制から分散管理へと経営機能、役割が移っています。例えば、新型コロナウィルス下における在宅ワークなどはその例と言えます。必ずしも会社に出社して仕事（ミッション）を果たすのではなく、IT・ICT を最大限活用して自宅などで行うことです。世界中で在宅ワークは一挙に広がり新しい仕事の仕方、すなわち働き方改革として重要視されてきています。

②関連から分断へ

今までの関係や関連が分断される事態が世界中で起きています。米国などは、トップの意志、目的により従来必要な関係や関連があっても切り離されています。グローバルな輸出入など経済取引や情報関係が中断されています。特に新型コロナウィルスの感染拡大により、サプライチェーンが分断され、物の流通が分断中止せざるを得ない状況です。こうした事態は、経営リスクマネジメントの大きな問題となり、従来のような様々なネットワークを見直す必要が生じています。

③長期から短期へ

経営で最も大切なことは将来に対する見通しです。つまり、経営の方針やビジョ

ンに基づく長期的な経営計画を予測の基に立てることです。端的な例は、経営5ヵ年計画です。この経営5ヵ年計画は、今日あらゆる企業に求められる内容です。特に金融機関との取引関係、また株主やステークホルダーと言われる人々にとっては最も重要なものです。しかし、新型コロナウィルス大不況下においては、将来の予測、見通しは極めて難しく特に長期の計画は立て難いと言えます。

今現在どのように経営継続のための手段を取るか、目の前の問題、課題に即座に対応しなければなりません。つまり、長期的なことより短期的な計画手段と実行が重要となっています。今後、新型コロナウィルスの収束にはまだ3年〜5年はかかると言われています。仮に収束しても、経済、経営が受けた大きなダメージは必ずしも収束するものではなく、回復するまでにかなりな時間を要すると思われます。長期的視野を考え、計画は大切ですが当分、短期的で即効的なテーマに取り組み実践することが何より優先されると思われます。

④大量から少量へ

新型コロナウィルス大不況下では、多くの企業倒産が予想されます。また、仮に倒産しなくても成長し続ける企業は少ないと思われます。企業にとっては経営不振、経営不調の状況が続き、従業員の給与は減少すると予想できます。こうした不況下では当然、支出は大幅に下げざるを得ません。従って大量消費は期待されません。今後はむしろ少量消費といった経済的生活が必要になります。すなわち消費経済、生活は大幅にシュリンク（縮小）し、分相応の質的生活へ進むと思われます。

⑤成長から維持継続へ

大不況下及び少子高齢社会では企業成長を望むべくもなく、最も大切なのは経営を維持継続し、生き延びることだと思います。他の競争企業が継続できなければそのシェアを得ることが可能になります。すなわち生き延びるだけで勝つことができます。これは自然界のおきてのようなものです。すべての生命体は生き延びたものが残っていくのです。競わずに勝つ方法でもあります。大不況下、少子高齢社会は需要そのものがシュリンク（縮小）するため、成長するためにはまず生き延びる経営が最も重要といえます。

⑥資本から人材へ

2020年新型コロナウィルスが発生するまでは、大量な資本力がグローバル市場、経済を支配してきたといっても過言ではありません。大型資本力をバックに企業

の買収M&Aが盛んに行われ、中小企業やベンチャー企業はその対象となり、まさに経営拡大は資本力によるものといった状況でした。しかし、新型コロナウィルス大不況になり、いくら資本を持っていても資本投資するメリットが予測できない状況になっています。もちろん資本力はあった方が良いのですが、その資本を有効に活用できるのはまさに優れた人材です。従来のままでは、資本は設備投資、店舗開発、新商品開発などに使われましたが、これから、人材採用及び人材育成に投資が必要となります。なぜならこうした未曾有の経済不況に対応できるのは有能な人材が要だからです。有能な人材採用と育成こそが時代を切り開く大きな力と言えます。

⑦都市から地方へ

新型コロナウィルスの影響で在宅ワークが推奨され、多くの企業が新型コロナウィルス感染防止のために会社に出勤しなくてもICTを活用し、在宅で仕事をすることを勧めてきました。その経営成果はまだまだ分析されてはいませんが、少なくとも会社に出社して仕事をしなくても何とかなっているのは事実です。都市生活は便利で豊かなものですが、それだけ多額な費用もかかるのは事実です。都市部のオフィス家賃は高額です。また住まいであるマンションも同じです。また、通勤電車は混み、出勤ストレス、疲労は耐え難いものがあります。こうした都市生活を中心とした経営自体がこの大不況下に見直され、IT・ICT時代には働く場所、生活する場所が必ずしも都市にある必要がないことが実感され実証されました。自然環境も良く生活費も少なくて済む地方への関心が高まり、経営生産性を高めるためにも地方が見直しされつつあります。例を挙げれば、人材サービス大手のパソナの本社が淡路島に移転された例です。これからはパソナのような大企業が地方移転され、人材、情報、仕事インフラ、生活インフラなど社会インフラも地方へ移されまさに地方創生の時代に入っていくと思われます。

⑧大から小へ

大不況に即対応するには、大型組織や大企業は適しません。なぜなら意志決定に多くの人が関わり時間がかかるからです。また、実行するにも小回りがきかなくスピードが遅くなります。したがって、変化や変動に即対応するためには小さな組織または、少人数の方が有効といえます。大不況下で経営がうまくいかず倒産するのは、大企業や大組織が多くなります。中小企業や個人企業はダメージは大きくても経営変更、経営改革が少ない人数でスピードを持って対処できます。大企業であっても組織を分断し、小規模組織化による自主的対応を推進する方法が

最も効果的です。未曾有の大不況下への対応、改革は大から小への視点が最も重要と思われます。

⑨所有から活用へ

大不況は資産価値（土地、建物、有価証券、債権）が大きく減少します。いくら資産を持っていても価値が下がる傾向になります。また、所有にはお金がかかり、無駄も発生します。例えば、家、マンションを買うよりまた、企業の建物、工場を建てるより、借りた方が適切だと判断する傾向が多くなることです。所有するより活用することでお金を有効に使うという傾向です。大不況下ではすべての物価が下がります。事務所や工場の賃貸料や住まいのためのマンションなど大幅に下がると予想されます。車なども買うよりリースの方が良い、また何人かでシェアする方が良いなど、活用、使用目的に応じた方法が重要と判断されることなどです。大不況下はデフレ時代です。従って徐々に所有から活用、または再利用へと経済、経営、個人活動は変わっていくと思われます。

⑩出世から自律へ

さて最後になりますが、大不況下では企業経営は大幅なリストラをおこなわざるを得ません。生き残るためには大量なリストラが行われ、エリートであっても職を失うこが予想されます。従来のように一生懸命働いていても出世など望むことさえ不可能な状況になると思われます。出世どころか会社に残れるかどうかの状況になる可能性が高くなります。この大不況下ではまず、自分が得意なこと、出来ること、さらに能力、資格、人脈などあらゆる自分の持てる力を分析し見直し、会社を辞めても自活できる仕事、方法をつかむ必要があります。企業内での出世ではなく、自律して自己の存在価値を高める方向へ進むことが大切です。むしろ独立ベンチャーを志すことフリーランスなどがサバイバル方法といえます。

　以上、10のパラダイムチェンジに対する対応対策をまず次のパラダイムチェンジ対応シートで分析、診断を行うことで企業の課題・テーマが明確になり、経営コンサルティングポイントが具体的になります。

・経営パラダイムチェンジ分析診断シート

No.	パラダイムチェンジ項目	自社の状況	何がチェンジするか	チェンジ対応テーマ	具体的対応方法	実行難易度
(1)						
(2)						
(3)						
(4)						
(5)						
(6)						
(7)						
(8)						
(9)						
(10)						

総合的パラダイムチェンジ対応ポイント

13

3　経営パラダイムチェンジのための経営コンサルティングテーマ

　従来の経営改革は経営戦略の計画及び経営マネジメントについてのテーマに集約されるものでしたが、新型コロナウィルス感染拡大における多大な経営ダメージは、グローバル的であり、すべての業界及び大中小、ベンチャーにかかわらずすべの経営パラダイムチェンジ対策が必要です。そのため経営人材改革と経営方法の改革の両面の経営コンサルティングが重要となります。

従って、

経営パラダイムチェンジコンサルティングテーマ　＝　経営人材改革コンサルティング×経営方法改革コンサルティング

と定義できます。

4　経営パラダイムチェンジに対応する経営コンサルティング基本ステップ（スキーム）

経営パラダイムチェンジコンサルティングステップ
ステップⅠ　経営改革ビジョンを根底から支えるのは経営人材がどのような経営者になりたいか、自分自身は経営人材として目指すビジョンとそのために何をどうするか自己の成長計画をデザインし実行する方法を指導支援する。

ステップⅡ　ステップⅠの経営人材として目指す成長を支えるのはなんと言っても肉体的・精神的健康です。自らの肉体的健康と精神的健康（フィジカルヘルス、メンタルヘルス）を自ら管理しケアする方法を指導支援する。

ステップⅢ　さらにステップⅠステップⅡを基盤として経営人材としての経営スキル力を開発し改革する方法を指導支援する。

ステップⅣ　次に続いて経営スキル力を生かし、経営戦略を見直し大不況下における経営パラダイムチェンジに足し経営戦略の基本を明確にし基本に忠実に実行する方法を指導支援する。

ステップⅤ　そしてステップⅣの経営戦略基本に基づいて経営手法の基本を総合的に組合せ実行する方法を指導支援する。こうしたⅠ〜Ⅴのステップの基本を重視し日々スピーディに実行しチェックし、さらに改善する方法を指導支援する経営改革ビジョンに最も早く近づくことのできるステップとなります。

【経営パラダイムチェンジコンサルティング体系イメージ】

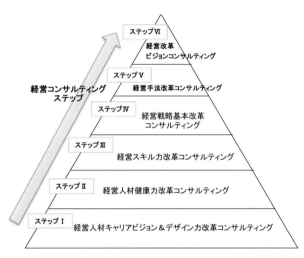

経営コンサルティングステップ

ステップⅥ　経営改革ビジョンコンサルティング

ステップⅤ　経営手法改革コンサルティング

ステップⅣ　経営戦略基本改革コンサルティング

ステップⅢ　経営スキル力改革コンサルティング

ステップⅡ　経営人材健康力改革コンサルティング

ステップⅠ　経営人材キャリアビジョン＆デザイン力改革コンサルティング

II 中小企業診断士（経営コンサルタント）の基盤開発方法

中小企業診断士（経営コンサルタント）のためのキャリア＆ライフチェックビジョン設計

　中小企業診断士を支え成長させる基盤は何といっても中小企業診断士としてのキャリア＆ライフビジョンの設計と形成です。そのためにはまず、中小企業診断士（経営コンサルタント）のキャリアエンプロイアビリティ（自己キャリア価値）分析により自分のキャリア価値の現状をよく理解し、パラダイムチェンジ時代を乗り切るためのキャリアスキルや経験を自ら開発しつづけていくことが重要となります。時代の変化は我々の考えている以上に速く、むしろ我々よりも先にいっているとも考えられます。したがって時代という流れを敏感にとらえ、自分と時代の適応関係を知っていく事が大切になります。

　まずはこれから評価される中小企業診断士（経営コンサルタント）とはどんなタイプなのか、

チェックポイント①で自分の現状をチェックする
自らがどのような中小企業診断士（経営コンサルタント）のタイプであるかどうか、認識することが必要になります。
では、ポイント①でまずチェックしてみます。

チェックポイント②今まで培った企業での業務キャリアスキルを自己評価する
かなり詳しく表のように仕事の内容がありますので各々の過去の実績をよく振り返り、経験業務が人に教えてもらうレベルなのか、または自分でできるレベルなのか、人に教えられるレベルかそしてプロのレベルなのか自分の自己チェックをします。
そしてより確実に判断するには他者評価を同僚とか上司にもチェックしてもらい、他者から見る目でそのギャップをよく認識して見て下さい。

チェックポイント③自己のビジネスキャリアコア力のチェックする
経営コンサルティングをしていく上で今後中心となるスキルです。これについても点数評価をしてみます。また他者評価をしてもらい、自己を見つめてください。
専門的スキル力、リーダーシップ力、戦略的な実行力、情報収集力、プレゼンテーション力、創造力、タイムマネジメント力、それからメンタルマネジメント力、IC・ICT活用力、外国語力は特に中小企業診断士（経営コンサルタント）に求め

られるコア力です。

チェックポイント④自己の中小企業診断士（経営コンサルタント）ビジョンをチェックする

中小企業診断士（経営コンサルタント）がどんなビジョンを持つかによって、中小企業診断士（経営コンサルタント）は方向づけられます。どんな中小企業診断士（経営コンサルタント）になりたいか、またどういうコンサルティングをしたいか具体的でなく不透明な場合には弱い能力しか発揮できません。要は中小企業診断士（経営コンサルタント）ビジョン次第ともいえるのです。したがって中小企業診断士（経営コンサルタント）としてどのような中小企業診断士（経営コンサルタント）を目指すかまたどのようなコンサルティングをしたいかとその理由、そしてビジョンから見て現状をチェックし、ビジョンに向けての疎外要因をよくとらえ、ビジョン設計をすることが大切です。

チェックポイント⑤では中小企業診断士（経営コンサルタント）としての社会的使命のチェック

中小企業診断士（経営コンサルタント）としての使命や役割をはっきりと分析し意識する事が、中小企業診断士（経営コンサルタント）としての自信にも誇りにもなり他者からも評価されます。そして中小企業診断士（経営コンサルタント）として自分の今まで行ってきた仕事、家庭、友人のことも含めて人から期待される立場をよく理解し、使命役割を考える事が重要となります。
そしてその理由を明確にし、現状ではどの程度の使命や役割が果せているのかよく考え分析し、さらに課題を発見する事が大切になります。
中小企業診断士（経営コンサルタント）としての使命役割と現状の理解、またそこから発見された課題などが自分に明確になればなるほど中小企業診断士（経営コンサルタント）としての使命感とモチベーションは確実なものになります。

①チェックポイント①これから評価される中小企業診断士（経営コンサルタント）のタイプチェック

	タイプ	自己チェック			他者チェック		
		YES	NO	わからない	YES	NO	わからない
1	自らの目標を作り出せるタイプ						
2	自分の立てた目標をマネジメントできるタイプ						
3	自分でモチベートできるタイプ						
4	金銭感覚に鋭いタイプ						
5	マナーに対して哲学を持っているタイプ						
6	強い使命感を持っているタイプ						
7	自ら責任をとるタイプ						
8	リスクに対して逃げないタイプ						
9	逆境に強いタイプ						
10	直観力に優れたタイプ						
11	情報収集に長けたタイプ						
12	情報の価値が分かるタイプ						
13	人を感動させることができるタイプ						
14	人をその気にさせることができるタイプ						
15	心が明るいタイプ						
16	柔軟な発想ができるタイプ						
17	専門能力、技術をもったタイプ						
18	営業力を持ったタイプ						
19	人脈が多く作れるタイプ						
20	プロ意識を持てるタイプ						
21	自己投資のできるタイプ						
22	細かいことにも気がつくタイプ						
23	外国語語学力があるタイプ						
24	コンピューター（パソコン）を使いこなせるタイプ						
25	人を幸福にできるタイプ						
	合　計						

チェックポイント②中小企業診断士（経営コンサルタント）業務キャリアスキルチェック

	人に教えてもらう		自分でできる		人に教えられる		プロのレベル	
	自己評価	他者評価	自己評価	他者評価	自己評価	他者評価	自己評価	他者評価
経営企画								
経営計画の立案								
年度経営方針の立案								
業務改革の企画・推進								
新規事業の推進援助								
情報システム化								
情報機器管理								
通信回線管理								
ソフトウエア管理								
営業								
販売計画								
販売企画								
販売促進								
販売実務								
販売管理								
市場動向調査								
得意先の開拓・販売								
製造・購買								
生産管理								
生尾図								
製品開発計画の立案								
品質改善								
新商品開発								
生産技術の改善								
プラント設備設計								
設備導入								
設備研究								
品質管理								
特許管理								
産業廃棄物関連業務								
建屋・共通設備のメンテナンス								
情報物流管理								
品質保証係								
物流管理								
製品倉庫								
購買部発注品								
購買								
外注								
総務								
秘書業務								
文書管理								
備品・消耗品管理								
車両管理								
労務								
社会・労働保険								
安全衛生								
福利厚生								
株式								
行事運営								
広報								
採用								
人事								
教育								
経理								
財務管理								
資金計画								
金銭出納管理								
予算実算・利益管理								
その他の経理一般に関する業務								
債権管理								

③チェックポイント③中小企業診断士（経営コンサルタント）コアスキルレベルチェック

（各質問の①〜⑤のどれに当てはまるか〇を付けて下さい。そして〇と付けた合計ポイントを計算し、×２とすると 100 点満点中何点かが解ります。）

チェックポイント③自己力スキルレベル

---

1. 専門的技能力

あなたの今の仕事に対する知識、技能および経験は次のどのレベルですか。

①他の人でもできる業務しか行っていない。

②多少の知識、経験が必要だが、さほど専門性の高い業務とはいえない。

③業務に必要なツールやノウハウ、技術を会社が求めている基準まで使うことができる。

④経験は十分であり、すぐに自分の代わりができる人が社内にはいない。

⑤この業務について、社内で指導する立場であり、社外においても指導できる。

---

2. リーダーシップ力

あなたのリーダーシップ能力は次のどのレベルですか。

①まだ部下をもった事が無い。

②数人の部下を持ち、彼らを日夜指導している。

③部下や仕事に関する人たちをまとめ、彼らの能力を引き出し、やる気にさせることができる。

④自分の責任部門は必ず目標を達成し、信頼を得ている。
　業務改善など積極的に行い、部下からの信頼も厚い。

⑤会社の戦略的ヴィジョンを設計し、全社的マネージメントに参加している。

---

3. 戦略的実行

あなたの戦略的実行能力は次のどのレベルですか。

①与えられた仕事を精一杯こなしているが、新たな戦略、戦術を提案するまではいかない。

②会社の将来を決める戦略的会議に積極的に企画、提案を出しているが、実現にまでは至らない。

③会社の現状を分析、診断でき、問題発見とその解決策を提案し、時には採用される実績あり。

④会社の問題点を実際に大きく改善し、貢献した実績あり。

⑤企業の将来の方向性として、中、長期的戦略を提案、企画でき、会社に多大な影響力を及ぼしている。

---

4. 情報収集力

あなたの情報収集能力は次のどのレベルですか。

①情報にはあまり関心が無い。

②新聞や専門誌はじっくりと読んでいる。

③大体のビジネス情報ならメディアや、人脈を通じて入手している。

④この分野ならこの人、という人脈を持っている。

⑤どんなテーマでも人脈を駆使し、数日もあれな必要な情報を入手できる。
　またどれが重要な情報かどうか分析できる。

---

5. プレゼンテーション力

あなたのプレゼンテーション能力及びコミュニケーション能力は次のどの水準ですか。

①人前で話す機会が少なく、得意ではない。

②自分の思ったことや必要なことは正確に伝えられる。

③社内外での交渉頻度が高く、誰とでもコミュニケーションをとることができる。

④社内外での交渉が主であり、相手の立場や考え方を考慮した説得ができる。

⑤社内外の人に対して感動を与えることができる。
　またプレゼンテーションが高く、自らのストーリーで交渉を進めることができる。

---

6. 想像力

あなたの想像力は次のうちどれにあてはまりますか。

　①自分が新しいことやアイディアを考えるのは得意ではない。

　②問題解決の方法は、自分の過去の経験から考える。

　③毎日新しいことやクリエイティブなことを考える時間を作っている。

　④人から「アイデアマン」と評価され、自分のアイデアがよく採用される。

　⑤自分が考えた新しい商品やアイデアが時々実現し、評価されている。

7. タイムマネジメント力

あなたのタイムマネジメント能力は次のどのレベルですか。

　①仕事が増えると仕事に追われてしまう。

　②毎日システム手帳を巧みに使いこなし、時間を有効に使っている。

　③忙しくても期限までに仕事を仕上げている。

　④仕事の優先順位をつけ、時間との調整を行っている。

　⑤大半の仕事は部下に任せられるので雑務はほとんどせず、将来的な仕事に専念している。

8. メンタルマネジメント力

あなたのメンタルマネジメントは次のどれにあてはまりますか。

　①よく情緒不安定になり、仕事でもミスをすることがある。

　②多少のストレスはあるが仕事に支障をきたすほどではない。

　③ほとんどのストレスを感じることはなく、前向きで仕事に臨んでいる。

　④部下や周囲の人達のメンタルな状況を感じ取り、不調な人を励ましている。

　⑤強靭な精神力をもっており、一度決めた目標は必ずやり遂げる。

9.IT・ICT 活用力

あなたは IT・ICT 活用力をどの程度使いこなせていますか。

　① IT・ICT のオペレーションは苦手である。

　② IT・ICT は多少使えるが、仕事で役立つほどではない。

　③企業が必要としているレベルで IT・ICT を使いこなしている。

　④表計算ソフトやプレゼンテーション用ソフトを使いこなし、たいていの書類や企画書はほとん
　　ど自ら作成する。

　⑤ S/E なみの知識・技術を持っている。

10. 外国語力

あなたの語学力は次のどのレベルですか。

　①全くなし。

　②読める程度。

　③英語は TOEIC800 点以上。

　④一年以上海外でビジネス経験があり、英語で交渉が可能。

　⑤一年以上海外でビジネス経験があり、英語以外にもうひとつ外国語を駆使できる。

合計点　ポイント×2　　　　／100 点

④チェックポイント④中小企業診断士（経営コンサルタント）ビジョンチェック

○自分が将来中小企業診断士（経営コンサルタント）としてしたいこと（経営コンサルタントビジョン）

○その理由は（なぜ）

○中小企業診断士（経営コンサルタント）ビジョンから見て今の現状は

○中小企業診断士（経営コンサルタント）ビジョンに向けての阻害要因はありますか
　あればどんなことですか

○中小企業診断士（経営コンサルタント）ビジョンに向けての難易度は
　（やればできる・方法次第でできる・他者の協力が必要）

⑤チェックポイント⑤中小企業診断士（経営コンサルタント）としての社会的使命感チェック

○自分の社会的な使命役割はどんなことですか

○その理由は（なぜ）

○自分の考える社会的使命役割の現状は

○自分の果たすべき社会的使命の現状の課題は

○自分の果たすべき課題解決の方向性は

2　中小企業診断士（経営コンサルタント）としてのライフプランチェックとライフビジョン設計

　次に行うのは中小企業診断士（経営コンサルタント）としてのライフプランに対する分析です。（下記図③自己ライフプラン分析シート）ライフプランとは主に自分の家族の人間関係の状況、そして家計の状況を分析して現状の自己の生活そのものを理解し見直すことです。何と言っても家族が支えになります。親との関係、兄弟との関係、中小企業診断士（経営コンサルタント）として人生にとって一番大切とも言えます。

　また妻がいて子供がいる場合は、特に子供の教育や家族の信頼度やコミュニケーションといったことが上手くいっているかどうか、また幸せかどうかが自分の人生には大切なポイントであり、それが全てだとも言えます。

　要は中小企業診断士（経営コンサルタント）として全力で経営コンサルティングする意味が、家族を守るため、家族を幸せにするためになっているかと言うことです。そこでまずは自分の家族状況を振り返ることです。

　特に結婚している場合は今の夫婦の間の信頼度、コミュニケーション度、健康状況をよく振り返って分析してみることです。そして何でも話しあえる関係であるか、または必要なことは話し合える状況か、それともあまりよく話しが出来ない状況か、またはまったく話しが通じない状況かよくお互いの状況を振り返って評価してみることです。そして信頼度も合せて総合的評価をしてみることです。お互いに信頼しあっている状況なのか、また特に問題ない状況なのか、それとも信頼不足なのか、または良く解らない状況なのか、これによってお互いの関係の課題やテーマがはっきりし、課題やテーマがどういう原因で生じているか振り返り、今後どのように改善していくべきかしっかりと見つめ直すことです。
また子供、兄弟、親との関係も振り返りテーマを発見し今後の方向を見定めることです。

　続いて家計についてですが、特に男性の場合、中小企業診断士（経営コンサルタント）として働きばちであればあるほど仕事におわれて家計のことは奥様任せになっているケースがよくあります。家計簿をつけることが少なく、自分の収入に見合った生活をしているとは限りません。よくある例でローンやまた金融機関などに負債を抱えるケースがよくあります。何のための支出か、そして生活のレベル、こうしたことの家計の収支の管理を見直してみることです。

　中小企業診断士（経営コンサルタント）であればこそ家計の経営状況をよく知ってライフプランを実行することが重要です。

①中小企業診断士（経営コンサルタント）ライフプラン分析－1

自己ライフプラン分析シートの（家庭内コミュニケーション状況分析シート）

家族構成	コミュニケーション信頼状況	評価	相互信頼度	課題	今後の方向
1：妻（夫） 名前： 年齢：　歳 婚歴：　年 子供（　）	A：よい B：まあまあよい C：あまりよくない D：よくない	A：なんでも見（話）ができる B：必要なことは話ができる C：あまりよく（話）ができない D：全く（話）ができない	A：相方信頼しあっている B：相に問題（ない） C：信頼不足 D：よく（わからない）		
名前： 年齢：　歳 婚歴：　年 子供（　）	A：よい B：まあまあよい C：あまりよくない D：よくない	A：なんでも見（話）ができる B：必要なことは話ができる C：あまりよく（話）ができない D：全く（話）ができない	A：相方信頼しあっている B：相に問題（ない） C：信頼不足 D：よく（わからない）		
名前： 年齢：　歳 婚歴：　年 子供（　）	A：よい B：まあまあよい C：あまりよくない D：よくない	A：なんでも見（話）ができる B：必要なことは話ができる C：あまりよく（話）ができない D：全く（話）ができない	A：相方信頼しあっている B：相に問題（ない） C：信頼不足 D：よく（わからない）		
2：子供（　） 名前： 年齢：　歳 婚歴：　年 子供（　）	A：よい B：まあまあよい C：あまりよくない D：よくない	A：なんでも見（話）ができる B：必要なことは話ができる C：あまりよく（話）ができない D：全く（話）ができない	A：相方信頼しあっている B：相に問題（ない） C：信頼不足 D：よく（わからない）		
名前： 年齢：　歳 婚歴：　年 子供（　）	A：よい B：まあまあよい C：あまりよくない D：よくない	A：なんでも見（話）ができる B：必要なことは話ができる C：あまりよく（話）ができない D：全く（話）ができない	A：相方信頼しあっている B：相に問題（ない） C：信頼不足 D：よく（わからない）		
名前： 年齢：　歳 婚歴：　年 子供（　）	A：よい B：まあまあよい C：あまりよくない D：よくない	A：なんでも見（話）ができる B：必要なことは話ができる C：あまりよく（話）ができない D：全く（話）ができない	A：相方信頼しあっている B：相に問題（ない） C：信頼不足 D：よく（わからない）		
3：現 名前： 年齢：　歳 婚歴：　年	A：よい B：まあまあよい C：あまりよくない D：よくない	A：なんでも見（話）ができる B：必要なことは話ができる C：あまりよく（話）ができない D：全く（話）ができない	A：相方信頼しあっている B：相に問題（ない） C：信頼不足 D：よく（わからない）		

　また家計資産の状況も大切なポイントです。中小企業診断士（経営コンサルタント）としての自己の財産は資産に現れています。預金や株やあるいは宝石など、また不動産の土地や建物の状況をよく分析し、資産状況を把握することです。別表にあるように預金でいえば定期預金などは満期そして株や会員券だのは時価で評価しなおしたり、特に値下がりの不動産については時価評価をしなおす必要があります。

　資産に対して負債の状況も大切なポイントになります。借り入れ金の内容や返済時期特に住宅ローンなどは長期に亘るため、細やかな見直しが必要となります。

　そして最後に現在の手持ち資産から負債を引いて、その過不足をはっきりさせることが大切です。つまり資産のほうが多いのか逆に負債の方が多いのかによって、今後の資産対策がはっきりしてきます。いずれにしても今の大不況下では資産デフレ（資産減少）が起こる場合があります。こうした意味で絶えず現状の資産を把握していく事が大切です。

　家族の財産の基盤とそしてまた家計収支の状況を明確にし、また家族の信頼そして幸福観などを総合的に分析し、今後の計画を立てる事が大切になります。

②中小企業診断士（経営コンサルタント）としてのライフプラン分析− 2
　中小企業診断士（経営コンサルタント）としてのライフプラン分析シート（家計収支分析シート）

経営人材としてのライフプラン分析シート②（家計収支分析シート）

収入（年額）	
●おもな収入	
給与	万円
事業収入	万円
パート収入	万円
財産収入	万円
年金収入	万円
	万円
他の世帯員の収入、仕送り	万円
	万円
おもな収入計①	万円

●その他の収入	
	万円
	万円
	万円
その他の収入計②	万円

●借入金（消費関連・短期）	
	万円
	万円
	万円
借入金計③	万円

●社会保険料・税金		
社会保険料	健康保険料	万円
	厚生（国民）年金保険料	万円
	雇用保険料	万円
	介護保険料	万円
	小計①´	万円
税金	所得税	万円
	住民税	万円
	その他	万円
	小計②´	万円
社会保険料＋税金計④（①´＋②´）		万円
収入合計（①＋②＋③＋④）		万円

支出		
● 主な日常的支出		
日常生活費		
通常の食費・家賃・被服費・水道光熱費・交通費・通信費など		
		万円
住居費（特別計上分住宅ローンなど）		万円
教育費		万円
医療費		万円
		万円
保険料	生命保険料	万円
	損害保険料	万円
	小計	万円
個人年金保険料		万円
計①		万円

● 負債（借入金）の返済		
		万円
		万円
計②		万円

● その他の支出		
高額商品の購入		万円
旅行・レジャー		万円
		万円
計③		万円

● 貯蓄		
貯蓄額	定期預金など	万円
	信託	万円
	財形	万円
	その他	万円
	小計①´	万円
取り崩し額	小計②´	万円
計④（①´−②´）		万円
支出合計（①＋②＋③＋④）		万円

③中小企業診断士（経営コンサルタント）としてのライフプラン分析－3
　中小企業診断士（経営コンサルタント）としてのライフプラン分析シート（家
　計資産分析シート）

資産				
●貯蓄				
種類	名義	満期年月		預入（積立）金額
預貯金等				
				万円
				万円
				万円
				万円
財形貯蓄（一般・住宅・年金）				
				万円
				万円
				万円
社内預金				万円
その他の金融商品				
				万円
				万円
				万円
貯蓄合計				万円

●その他の資産	
（株式、ゴルフ会員権、貴金属、絵画、骨董品等）	
種類	時価
	万円
	万円
	万円
その他の資産合計	万円
不動産	
種類	時価
	万円
	万円
不動産合計	万円
資産合計	万円

負債		
●借入金		
種類	負債残高	返済完了年月
	万円	年　　月
		万円
負債合計		万円

・現在の純資産

（資産）　　　　　　　　　　　　　　　（負債）

_____ 万円　　－　　_____ 万円

＝　_____ 万円

・使える資産

（資産）　　　　　　　　　　　　　　（住居用不動産など）

_____ 万円　　－　　_____ 万円

＝　_____ 万円

注：住居用の不動産は、将来売却してセカンドライフ資金などにあてることが出来ますが、ここでは使える資産として計上しません。

○将来目指すライフビジョン

○その理由は（なぜ）

○自分の現在状況は

○将来目指すライフビジョンからみてのチャレンジすべきことは

Ⅲ　中小企業診断士（経営コンサルタント）
　健康力基盤開発方法

　中小企業診断士（経営コンサルタント）は健康でなければなりません。時間に追われ、ついつい食事を抜いてしまったり、コンビニで買ったもので食事を済ませてしまうこともあるでしょう。また中小企業診断士（経営コンサルタント）であれば、正しい経営コンサルティングをするために脳を活性化させていなければなりません。あるいはストレスに負けないメンタルヘルス力も必要です。そこでここでは、中小企業診断士（経営コンサルタント）のための食事法、手軽な運動や日常生活で出来る未病対策やメンタルヘルス力の強化についても含め解説します。

1　中小企業診断士（経営コンサルタント）の健康食事法

＜朝食の摂り方＞

　朝食を摂ると、眠っていた体が目覚め、一日を通して活発な活動を行うことができます。欠食すると、脳を働かせるエネルギーが不足し、集中力の低下や、イライラ、体のだるさが現れます。脳の目覚めには糖質が必要です。糖質は主食であるご飯やパン、麺等に多く含まれています。その糖質を有効活用するために、たんぱく質、ビタミンが必要で、これらはおかずを摂る事で補給することが出来ます。

　朝食を食べることで、体は活動を始めます。体に食べ物が入ることで、胃腸を動かし消化された栄養を吸収し始めます。これにより、全身に酸素と栄養が行き渡ります。朝食を摂ると、食べたものをエネルギーに変える過程で体温が上がります。欠食者は朝食を摂った方に比べ体温が上がりにくいため、様々な活動力が低くなります。午前中の時間を充実して活用するためにも朝食をしっかりと食べることが重要です。

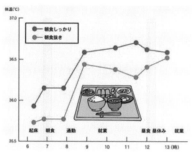

＜肥満防止＞

ダイエットのために朝食を抜いているという中小企業診断士がいますが、朝食を抜くことで痩せられるわけではありません。朝食を欠食し、空腹状態が長く続いた身体は、エネルギー不足の危機を感じて、昼食、夕食のエネルギーを脂肪として蓄えようとします。つまり、朝食を抜くと、むしろ太りやすくなると言えます。

また、胃の中に長い時間食べ物が入っていない状態からいきなり大量の食べ物が入ってくると、血糖値が急激に上昇し、それを下げようとインスリンが分泌され、血糖値が下がります。短時間での血糖値の急激な上下は体に大きな負担がかかります。

一番効率よく代謝が上がる時間帯は朝ですので、朝食で摂ったエネルギーは日中の活動の活力源として消費されていきます。したがって、朝食で太る可能性は低いと言えます。

「朝食の基本メニュー例」

主食　　：レトルトご飯、コンビニエンスストアのおにぎり、サンドイッチ、パン、麺類
主菜　　：納豆、コンビニエンスストアのゆで卵、焼き魚、サラダチキン、豆乳
副菜　　：冷凍野菜をレンジで温めた温野菜、コンビニのサラダ、カット野菜
汁物　　：インスタントの味噌汁、コーンスープ
その他　：ヨーグルト、果物、牛乳

2 ストレスに対応する脳に良い食事

脳とは神経細胞の巨大なネットワークです。脳は外側から、「知（思考）」をつかさどる前頭葉、「情（感情）」をつかさどる大脳辺縁系、「意（食欲や性欲）」をつかさどる視床下部があり、視床下部の中心には、「A10（エーテン）細胞核」があります。A10 細胞核は 1 万 4000 の細胞からなり、大脳辺縁系や前頭葉に神経繊維を伸ばし、そこからシナプスを通じてドーパミンやセロトニンなどの神経伝達物質を放出することによって情報の伝達を行います。

ドーパミンは快感ややる気をもたらし、学習能力や運動能力、記憶力を高めま

す。セロトニンは精神の安定と安らぎをもたらし、睡眠の質を高めます。ドーパミンが不足すると認知症の原因となり、セロトニンが不足するとうつ病の原因になるといわれています。

　この重要な神経伝達物質の原料となるのは「アミノ酸」です。人間の身体をつくる 20 種類のアミノ酸のうち、11 種類は体内で生成されますが、トリプトファン、リジンなどの 9 種類は食物からしか摂れません。これらは「必須アミノ酸」と呼ばれ、タンパク質を分解してつくられます。脳の神経伝達のためには、タンパク質が必須なのです。

　タンパク質が多く含まれるのは肉、魚、大豆、乳製品です。十分な神経伝達物質を生成するには、体重 1 キログラムに対して 1 日約 1 グラムのタンパク質が必要だといわれています。

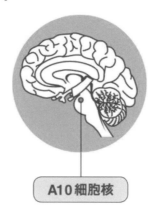

A10 細胞核

＜脳の活性化と食事＞

　脳には千数百億個の神経細胞（ニューロン）が集まっています。目や耳などで得た情報は、神経細胞に伝達されます。脳の働きが良いとは、この細胞間の情報伝達が円滑に進むことです。脳の働きを良くするには、細胞が喜ぶ食物を取ることが大切です。神経細胞（ニューロン）は日々の食事で取る脂肪でつくられます。また、脂肪のほか、細胞間で情報を伝える物質の主原料であるたんぱく質と、情報伝達のエネルギー源となる炭水化物は、脳にとって重要な栄養素といえます。

　神経細胞（ニューロン）は主にオメガ 3 脂肪酸という油で作られますが、体内では作られないため、食事で積極的に取る必要があります。ドコサヘキサエン酸（DHA）はオメガ 3 脂肪酸の一種です。オメガ 3 脂肪酸を豊富に含む亜麻仁油や小魚などは加熱せず、サラダなどにかけて食べるとベターです。個人差はありますが、毎日小さじ 1 杯でも、健康効果が得られます。

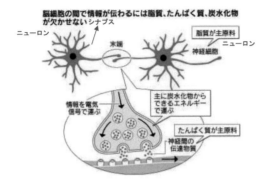

脳細胞の間で情報が伝わるには脂質、たんぱく質、炭水化物が欠かせないシナプス

ニューロン

末端

神経細胞

ニューロン

脂質が主原料

情報を電気信号で運ぶ

主に炭水化物からできるエネルギーで運ぶ

たんぱく質が主原料

神経間の伝達物質

3　中小企業診断士（経営コンサルタント）のための未病運動法

　中小企業診断士（経営コンサルタント）は特に体力が必要といわれます。中小企業診断士（経営コンサルタント）は身体的強化を心がけ実践することが重要です。朝夜・休日自宅ですると良い運動、また通勤中や仕事場で簡単にできる運動について紹介します。是非、日常生活で試して下さい。

① 40℃入浴法

体温を上げると自律神経が正常に働きます。体温調整が、免疫システムで大切な役割を果たしています。白血球の仲間の顆粒球とリンパ球がありますが、顆粒球は体内に侵入する細菌を退治し、リンパ球は細菌より小さいウィルスを退治したり、体内にできるガンなどの危険物を取り除いてくれます。そして重要なのは、どちらも多すぎても少なすぎてもダメであり、そのバランスが体温と密接に関係しているということです。

1.　湯舟につかる時間は10分が目安。熱くなったら手のひらを湯から出したり、深い呼吸をする。10分未満でも、つらくなったら湯から出る。逆にお湯が冷えすぎないように注意も必要です。
2.　湯から上がるときは、手すりにつかまったり、浴槽の縁に腰掛けたりしながら、ゆっくりと出よう。また風呂上がりは水分補給が大切です。

②乾布まさつ法

皮膚は、単に身体を保護するだけではなく、気温の変化を受けると、皮膚血管と脳が連動して、巧みに体温調整を行ってます。

乾布まさつは、体温調節の司令塔である「脳の視床下部」に大きな影響を与えます。乾いたタオルで皮膚に十分な刺激を与えると、視床下部がすばやく自律神経を動かせるようになり、温度の変化に応じて皮膚血流を増減させる機能が高まるので、体温調整がスムーズになります。皮膚は、寒さを検知すると「身体が冷えている」という情報を、司令塔である視床下部に伝える。すると、その情報は、身体の循環や呼吸などを整える役割を担う自律神経に反射的に伝わり、皮膚の血管を収縮させて、皮膚表面から熱を逃がさないようにする。寒いときに、鳥肌が立つ現象も、体毛を立ててそのまわりに空気の層を増やし、寒さをしのごうとさせるからである。一方、暑いときは血管を拡張させ、汗を出して体を冷やし、体温を一定に保たせます。

1.　乾いた綿のタオルで、手や足の末端部分にタオルを当てて、心臓の方向に向かって、早いリズムで、繰り返しさすり上げる。皮膚の弱い人は逆に、心臓の方向から遠い方へ向けてさすり下ろすとよい。

2.　皮膚血流に刺激を与えるため、皮膚がピンク色になる程度に強めに行う。初めの数回は弱めに行ない、毎日続けながら、自分の皮膚の状態や感覚に合わせて、徐々に強めていくことがポイント。

3.　一か所 10 回ほどさすり、四肢や首すじ、お腹や背中など全身を、1 日 5 分程度マッサージする。

③壁スクワット法

股関節の衰えを防ぐには、股関節周囲の筋肉を鍛えると効果があります。壁スクワットは、誰にでも正しいスクワットができるようにと考案された方法です。壁を利用して正しい姿勢を保ち、安全に、効率的に、股関節を支える筋肉を鍛えることができます。

ステップ 1.

直角の壁の角に立ち、その角にお尻の割れ目を合わせます。そして、腰、腿、膝、ふくらはぎ、足の先まで、両脚の外側をぴったりと両側の壁につけます。顔は正面に向け、背筋を伸ばし、おなかに力を入れて、上半身を軽く前傾させます。

ステップ2.
壁にお尻、両膝、両足の外側をつけたまま、いすに座るように、膝の角度が直角になるまでゆっくりと腰を落としていきます。両手は太腿の上に置き、腰を落とすのに合わせ、膝のほうにずらします。

ステップ3.
膝の角度が直角になるまで曲げたら、ゆっくりと立ち上がる。太腿が水平になってしまうのは曲げすぎです。

ステップ4.
ステップ1〜3を5回で1セットとして、1日に数度行います。1セットの回数を増やすよりも、1日に行うセット数を増やすと効果的です。

④気功法
気功は自然治癒力を高めてくれます。気功とは生命場を調えるための方法です。生命場とは、中国医学の「気」にあたるもので、私達の身体中のありとあらゆるところに存在します。この生命場は、免疫や自律神経といった身体の癒しをつかさどる部分を支配しています。したがって、気功とは、癒しをつかさどる部分を活性化させて、自然治癒力を高めるものなのです。調身・調息・調心という「気功の三要」が大切です。調身は、姿勢を正しくすること、調息は、息を整えること、心は、雑念を取り払って心の安定を図ること、です。

ステップ1.
足を肩幅に開いて立ち、肩の力を抜いて、ひざを軽くゆるめます。

ステップ2.
手のひらを上に向け、息を吸いながら両手を上げていきます。

ステップ3.
両手をまっすぐ上げたら、親指と小指をからませます。女性は左手が前、男性は右手が前にします。

ステップ4.
息を吐きながら、両手を合わせたままで、ゆっくり下す。ひざをゆるめ、軽く沈

み込むように下ろします。
ステップ 5.
丹田の前にきたら両手を開き、手のひらを下に向けます。

ステップ 6.
両手を左右に開き、下ろしていく。両手がももの脇に付いたらひざを元に戻し、ステップ 1 の姿勢に戻します。

⑤快眠法
睡眠は、体温と深い関連があります。人間の脳は、体温が高くなると覚醒して活発に働き、低くなると休息して眠りに入ろうとします。この体温の変動の幅が大きいほど、快眠が得られます。従って、熟睡するためには、寝る 2 時間ほど前から、上がった体温が徐々に下がるようにすることです。効果的なのは、夜間に軽く汗ばむくらいの強さの運動をすることです。運動の時間が取れない人は、入浴することで同じ効果が得られます。寝る直前ではなく、2 時間ほど前に少しぬるめ（38℃くらい）のお湯に 30 分ほど入ると良い。手足の運動や手浴・足浴を行うのも有効です。

1.　早足ウォーキングを 30 分ほど、寝る 2 ～ 3 時間ほど前に行います。

2.　少しぬるめ（38℃くらい）のお湯に 30 分ほどつかります。

4　中小企業診断士（経営コンサルタント）のメンタルヘルスケア

～中小企業診断士（経営コンサルタント）のための精神的健康力改革（メンタルヘルス力）～

　中小企業診断士（経営コンサルタント）はストレスに負けてはどうにもなりません。中小企業診断士（経営コンサルタント）は特にストレス耐性を養うことが大切です。そこで、自分でできるストレスケア方法を紹介します。是非、実践してみて下さい。

①失敗したり落ち込んでストレスを感じる時には・・・プラス言語法

私たち人間（ヒト）は、言葉の動物です。人間（ヒト）が他の動植物と決定的に違うのは、言葉を発明し、それを進化させ、言葉によって物事を数え、言葉によって子供を育て、言葉によって意思や思いを伝え、言葉によってお互いに理解しあい、人間社会を作りました。民族学的にも同一民族では言語が共通であるからこそ、お互いに理解でき、誤解が生じることも少ないのです。しかし、他の民族の場合は、その環境、歴史的な背景が違うため、同じ"愛（ＬＯＶＥ）"と言っても少なからず意味が異なります。言葉の持つ機能は、言葉の意味する内容、価値、背景がイメージされて伝わる機能です。

人類が周囲のあらゆる物事に意味を付け、言葉に置き換えたことから、左脳の活用が必要になり、進化が進んだと言えます。左脳で意味することは右脳でイメージ化され、右脳でイメージされたことは左脳で言葉や論理に置き換えられます。ロジャー・スペリー博士の分割脳理論でも左脳に障害のある人は、右脳のイメージを言葉にすることができず、また、右脳に障害のある人は、いくら悲しい事があっても言葉では表現できないそうです。私たち人間は、左脳右脳のシンクロによってはじめて物事を理性的にも感情的にも理解できるのです。

そこで大切なことは、私たちは既に幼いころから親や周囲の人達を通して物事や言葉の関連、そしてそこに含まれる感情的・感性的なものまで学んでいるということです。善悪や愛、憎しみ、失望、悲しみ、喜び、正しさ、間違い、価値、不価値など、あらゆるものについて言葉を通して教えられてきました。したがって、ある言葉とイメージは、すでに頭の中、つまりは脳細胞の中では関連しているのです。言葉を聞いたり、話したりするとただちに一人ひとりが今までの体験・経験の中からイメージを描くため、描かれる内容は人によってそれぞれ微妙に違うのです。たとえば…

このように人間は年を重ね、人生経験を積み重ねる度に、1つの愛についても色々な考え方・捉え方をし、イメージは違ってくるものです。我々は言葉というもので自らもコミュニケートし、コントロールしています。言葉によってイメージ化し、イメージ化したことを言動に表しているのです。

プラス思考だとか、マイナス思考だとか、あの人は明るい人だとか、根暗な人だとかいう言い方がありますが、よく観察して見ますと、プラス思考の人は日常の言葉の使い方もプラス言葉になっています。「〜したい、〜するぞ、大丈夫、できる、絶対に成功する！」など未来へ向けて希望に満ちた、決断の意思あるプラス思考の言葉を使っています。

反対にマイナス思考の人は、「不安だ、ダメだ、上手くできない、〜になったらどうしよう、〜に自信が無い・・・」など未来に向けて否定的、不安的で自分の意志の無いマイナス言葉が多いのです。

つまり、プラス思考とかマイナス思考とかは、その人の使う言葉次第ということなのです。いつも明るい人は明るい言葉を使い、明るいイメージで過ごしています。しかし反対に、いつも根暗な人は、暗い言葉を使い、暗いイメージで生活しています。

ところが脳の中ではプラス思考もマイナス思考も、明るい、暗いという事で判断しているのではありません。言葉によって、今まで培われてきたイメージにスイッチするだけです。したがって、明るい言葉を使えばすぐに明るいイメージにスイッチし、反対に暗い言葉を使うとすぐに暗いイメージにスイッチされます。簡単に言えば、言葉の持つイメージ通りに、我々は感じたり、理解したりしているのです。

ストレス防止や対策には何よりもまずプラス言葉を使い、明るいイメージを書くことが大切です。特に人と人の関係で成り立っている我々人間社会は、言葉と言葉で成り立っているのです。言葉の使い方次第で、人間社会は良くも悪くもなります。自分らしい生き方、人間らしい生き方、よりよい社会づくり、それは何も難しく考えるより、より愛のある、思いやりのある、そして前向きな言葉を多く使うことにより、ストレスに対応できるようになります。

（プラス言語）

1．癒し言葉	6．やる気言葉
2．慰め言葉	7．丁寧言葉
3．感謝言葉	8．感激言葉
4．お願い言葉	9．ごめんね言葉
5．Yes言葉	10．大丈夫言葉

（マイナス言葉）

1．不安言葉	6．非難言葉
2．不満言葉	7．傷付言葉
3．不信言葉	8．攻撃言葉
4．否定言葉	9．怒り言葉
5．No言葉	10．命令言葉

②さまざまなストレスで疲れを感じる、体調不良でストレスを感じる時には…
　リラックス環境法

現代社会は、ストレス社会と言われ、とにかく情報が多く、スピードが速い時代です。

私たちは、なぜこんなに速い事を好むのでしょうか。いや、好んでいなくても何かそうしなければならない様な状況やムードがあります。人より先に何かを行うこと、人より早く出世すること、人より早く仕事をすること、早く目的地へ行くため飛行機や新幹線を使うといった具合に、何が何でも早くする社会です。このような生活状況は我々の心や身体を休ませる事はなく、絶えず緊張状況に置いているのです。つまり、頭の中の状態はいつもβ波といった状況なのです。β波状況では、左脳が頻繁に働き、あれやこれやと考え、計算し、右脳はあまり働かない状況です。つまり、楽しさを喜び、悲しみ、安らぎ、癒しといった感情が働かず、心は休まらない状況になります。そしてこの状況がまさに、ストレス状態なのです。

私たちは、ストレス状態が長く続くと脳内ホルモンの分泌は悪くなり、自律神経にバランスを欠き、食欲を無くしたり、過食になったりします。さらに、動機やめまい、不眠症なども起こります。

この症状が、世に流行している自律神経失調症なのです。

更に詳しく言えば、自律神経には五つの経路があります。消化器系・呼吸器系・循環器系・免疫系・ホルモン系です。ストレス状況が長く続き、自律神経がひど

く病んでくると免疫系やホルモン系に支障をきたし、病気になり易くなります。また病気になっても回復しにくくなるのです。癌の原因はストレスと言われるのもこの為です。免疫系やホルモン系が悪くなると癌細胞のスイッチが入ると言われています。これほどまでにストレスの影響を受けるのです。

α・θ波の環境作りは、β波のストレス環境から抜け出すための方法です。なぜならα・θ波環境は、心と体のリラックスした状況を作り出し、自律神経の五つの経路も自然の状態に戻り、その人らしい状況を作り出します。そのために新陳代謝も円滑に行われ、疲れも取れるのです。

ではα・θ波環境とは、どのような環境でしょう。それは、心も体も「ぼーっ」としている状況や没頭している状況です。「ぼーっ」としている時と没頭している時の脳波を測定すると、α・θ波状況になっていることがわかります。「ぼーっ」としている状況とは、お風呂に入ってゆっくりしている時、眠る前に目を閉じ何か楽しい事を思い浮かべている時、そして朝目覚める前のまどろみの状況の時などです。没頭している時とは、何か楽しい好きな事に夢中になって時間を忘れている時です。好きな絵を描いたり、音楽を聴いたり、恋人といる時はあっという間に時間が過ぎてしまいます。こうした時には、脳内ホルモンがよく分泌され、心身ともに自然になっている状況です。楽しいこと、好きなことには脳内ホルモンが分泌されます。つまり、没頭できるのです。ですから何をするにしても好きだ、と思って取り組むことです。

また、疲れた時には必ずお風呂へ入ることです。何もしないで「ぼーっ」とする時間を、５分でも持つことです。何もしないで目を閉じて、呼吸を整える（丹田（＝おへその下あたり）で呼吸する）ことだけでも、充分にα・θ波の状況は作り出せます。電車の中でも、トイレの中でも、嫌なことやストレスを感じたら行ってみてください。そして休日の朝の目覚めの時にはベッドの中で、しばらくゆっくりとまどろみを楽しんでみてください。

以上、解説してきた中小企業診断士（経営コンサルタント）としての基盤開発の方法は自分自身の基盤であると同じく経営者・経営管理者・従業員すべての人にも共通なテーマでもあります。

従って中小企業診断士（経営コンサルタント）としての自らの実行体験を通してコンサルティング（指導支援）スキルとして活用することが大切と言えます。

■　自分にとってのリラックス環境づくりシート

好きな場所・時間	ゆったりできる場所・時間	楽しく過ごせる場所・時間

③将来が不安で夢や目標が持てず、ストレスを感じる時には・・・

（AIDMA イメージ法）

私たちが何かしたいと考える場合に、いろいろな事から刺激を受けたことをきっかけに、自分の希望、やりたいことなどを将来に向けてイメージします。これは別な言葉で言い換えると"楽しいイメージ＝夢"と言えます。楽しいイメージ＝夢を描くことは、すなわち将来こうしたい、ああしたいという想いを具体的にビジュアル化し言語化することです。このビジュアル化が明確になればなるほど、具体的な楽しいイメージ＝夢へ向かって行動に移せるのです。夢が漠然としたイメージの段階では、脳神経細胞から自律神経そして運動神経へ指令がうまく伝わらず、意欲があっても具体的な行動には移れません。それは自分の描いたイメージ以上の行動はとれないようになっているからです。

そこでAIDMAの考え方を使うと、今まで以上に楽しいイメージ化が行い易く、言語化が促進され、具体的に行動に移せるようになります。そして、脳は活性化し、自分のイメージに向かう生き方ができるようになります。ＡＩＤＭＡイメージは私たち人間が行動する時、以下のＡＩＤＭＡのプロセスを経るという認知心

理学のひとつと言えるでしょう。

A ………… Attention「注目」
I ………… Interest「興味」
D ………… Desire「期待」
M ………… Memory「状況判断」
A ………… Action「行動」

人間は行動する時、何かに「注目」し、「興味」を抱き、「期待」をし、「判断」して、「行動」しています。ＡＩＤＭＡイメージは、このＡＩＤＭＡステップを1つずつ順番に具体的にイメージし、言語化することなのです。

　自分の楽しいイメージの何に「注目」したいのか、
　自分の楽しいイメージの何に「興味」を抱いているのか
　自分の楽しいイメージの何に「期待」しているのか
　自分の楽しいイメージをどう「判断」したいのか
　自分の楽しいイメージに向かって、どう「行動」したいのか

以上の事をステップを追って具体的にイメージし、言語化します。そうする事でその楽しいイメージは、単なるイメージではなく、自分自身の本当の楽しいイメージとして感じられ、脳から具体的な意識（やる気）と、行動指令が出るのです。では、将来が不安で自信が持てず、先を考えると落ち込む場合など、次のAIDMA イメージシートにより自分のしたいイメージを分析し、具体的イメージに変換してください。

将来の夢　AIDMA 項目	具体的内容
将来の夢の 何に注目しているか 【A】	
将来の夢の 何に興味を持っているか 【Ｉ】	
将来の夢の 何を期待しているのか 【Ｄ】	
将来の夢の 何に価値を感じるか 【Ｍ】	
将来の夢の 実現に向けて何を実行するか 【Ａ】	

④失敗が多く、また私生活がうまくいかなくて自信が持てず、不安を感じる時には…返り気付パワー法

何をするにしても、私たちは私たちの心と意識によって脳の働きが左右され、心と意識がはっきりと整理され、泰然としていない限り、考えや行動は散漫になってしまいます。それほど心と意識は、私たちが生きるのに大切なエネルギー基盤と言えます。

では、心と意識はどの様にしたら自分の思うようになるのでしょうか。今日、世の中は急変しています。従来の考え方、生き方だけではうまく乗り切る事はできません。特に、政治やビジネスの分野ではそれが顕著です。そのため意識改革が叫ばれていますが、なかなかうまくいきません。意識が変われば、何事も上手に

いくと言われている割には、どのように意識改革をすれば良いのか、その方法論はあまり明確ではないようです。

そこで少し考えてみますと、過去において自分自身が変わった、また変えなければならなかった時、なぜそのようにできたのか、を振り返ってみると良く分かります。実は私たちの心と意識が一番変化するのは、教えられた時でもなく、何かに強制された時でもありません。それは自分で何かに「気がついた」時です。「気づき」により、「ああ、やっぱりこうする方が良いんだ」「こうしてはいけないのだ」と、何か天の声のように気づかされた時、はっとして心と意識に大きな変化をきたします。

> 「気づく」と心がクリーンになり「意識」が変わり、
> 意識が変わると「考え」が変わります。
> 考えが変わると「行動」が変わり、
> 行動が変わると「結果」が変わります。
> 結果が変わると自分や他人に与える「影響」が変わります。

これを「気づきによる好循環活動」といいます。つまり、心と意識を変えるのに必要なことは「気づき」なのです。その気づきに必要な事が「振返り」という事なのです。

私たちは毎日忙しく明日を見ています。そして将来を追いかけています。しかし、明日や将来のみを思っていたのでは、必要な気づきはなかなか生まれません。今日、昨日を振返るようにすると、すっと何かに気づくのです。なぜなら私たちの意識は、毎日毎日忙しく働き疲れます。また、嫌なことやつらいこと、失敗したことなどがいろいろと重なり、汚れてもきます。そこで一日を振り返ることで心と意識の掃除ができ、クリーンになります。すると、また何かに気づかされるのです。

私たちは、成功を求めがちです。成功からいろいろと学ぶ事もできますが、心と意識を変えるほどの「気づき」は生まれないような気がします。成功よりもむしろ「失敗」や「苦い経験」から私たちはいろいろと気づかされているのです。「失敗」や「苦い経験」から気づいた事は、しっかりと心と意識に刻まれ、心と意識は変化します。私たちは、成功から方法を学び、失敗から必要な心と意識が目覚めるのです。

何事も振返り、気づけば今までの事はすべてプラスに転換され、将来大きなパワーとなります。まるで古代遺跡の発掘をしたかのように、今までとは違った認識ができるようになります。これこそまさしく、自分らしい生き方の発見と自己成長の鍵となるのです。

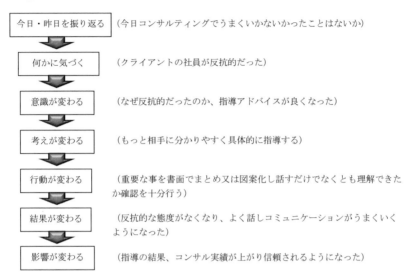

今日・昨日を振り返る	（今日コンサルティングでうまくいかないかったことはないか）
何かに気づく	（クライアントの社員が反抗的だった）
意識が変わる	（なぜ反抗的だったのか、指導アドバイスが良くなった）
考えが変わる	（もっと相手に分かりやすく具体的に指導する）
行動が変わる	（重要な事を書面でまとめ又は図案化し話すだけでなくとも理解できたか確認を十分行う）
結果が変わる	（反抗的な態度がなくなり、よく話しコミュニケーションがうまくいくようになった）
影響が変わる	（指導の結果、コンサル実績が上がり信頼されるようになった）

■自分を変える気付きパワーシート

振り返って気付いた事	原因・理由	今後どうするか	自他に与える影響

Ⅳ パラダイムチェンジ新時代の
重要経営コンサルティング方法

1　人材採用コンサルティング手法

　パラダイムチェンジにより時代の価値感が大きく変わり、経営の方法も変わらざるを得ません。しかしどんなに時代が変わろうと人材の採用と育成は変わらず最も経営に必要な事と言えます。どんなに時代が変わり経営が変わろうとそれを支え実行するのはすぐれた人材です。経営にとって一番基盤となるのは優秀な人材の採用と育成する力です。そこで中小企業診断士・経営コンサルタントとして最も大切なのは人材採用と育成に関するコンサルティング（指導・育成・実践）です。それぞれ個性特色のある企業にとって必要で重要な人材採用方法及び育成方法のコンサルティング手法について紹介します。人材採用の戦略、計画、そしてコンサルティングの具体的方法、について解説します。

①　人材採用戦略の立て方（リクルート・マーケティング戦略）

　リクルート・マーケティングとは、人材採用は労働市場の粋（供給される労働力）が決まっていること考えると、当然他社との競争関係の中で行われます。現代では、マーケティングの成否が他社との勝敗を左右するカギになっています。人材採用の場合の競争相手は、同業他社にとどまりません。人材を求める全業種全企業が競争相手です。

　事業面のマーケティングとリクルート・マーケティングとの大きな違いは、売るものが商品やサービスではなく、企業そのものであることです。企業そのものとは、企業の実態であり、また企業全体のイメージです。

　商品やサービスは類似のものとの比較が簡単に出来る価格また常識や経験の範囲で善し悪しが比較的判断しやすいです。しかも、何度も買うことが可能だし、場合によっては買い直しも可能です。しかし、企業の価値となると非常に複雑で判断しにくいです。

　なぜなら、よく考えてみると誰一人として同じ人間がいないと同様に、自社と同じ会社は一つもないからです。企業の個性・特色やイメージの差こそが価値生み出します。「リクルート・マーケティング」とは、企業の主張を明確化し、企業の魅力を創造することにあります。

② リクルート・マーケティングの体系
　　リクルート・マーケティングには、具体的にどのような活動があるのだろうか。その活動のポイントと全体の流れを示すと次のようになります。

〇リクルート・マーケティングの体系

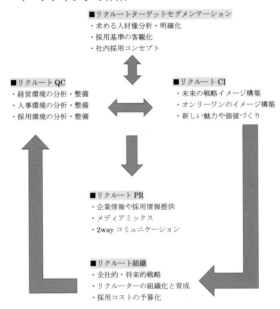

③ リクルーティングでのアイドマ理論
　　情報化社会とはいっても、どんな企業なのかということは、通常、インターネット、新聞やテレビ広告、のイメージ理解でしかないのです。企業の実態に触れた情報はなく、どんな特徴を持っているかなど、その企業の内情については知るすべもないです。ましてや、消費者との接点がない生産財などをつくっている専門メーカーなどについては、まったく知らないといっても過言ではありません。その意味でも、「AIDMA（アイドマ）の理論」に則ったリクルーティング、採用活動が重要になってきます。アイドマ理論に基づいた採用活動のポイントを示すと、以下のようになります。

1. A＝attention（注目）
「A＝注目」の役割を果たす機能に、就職情報誌をはじめとしたインターネット、人材採用サイトや新聞・テレビなどのマスメディアがあります。

「A」は採用（広報）活動を始めるための出発点ではありますが、不特定多数に注目させるようなマスメディア的効果をリクルーティングでは期待する必要がありません。自社に必要と思われる（自社が求める）人材に対してのみ、企業は注目をさせ、認知度を高めれば良いのです。採用目的のために、「A」に多額費用をかけすぎないことが重要です。

2.I = interest（興味）

「おもしろそうな会社だな」「どんな内容の会社なのだろう」と思わせなければなりません。そのためには仕掛けが必要です。これは、マスメディアを使って大衆に訴求するのでなく、個々に仕掛けたほうがより効果的です。

「我が社は、あなたを必要としていますよ」という「あなただけに」という内容がよいです。その方法の一つにダイレクトメールがあります。「A＝注目」よりさらにターゲットを絞り込み、ダイレクトメールによって自社の魅力を伝えます。情報を受け取った応募者が、興味をそそられる内容でなければ目的は達成できません。「あなたの能力を我が社で十分発揮してほしい」「一緒にこんな分野で頑張ってみないか」というメッセージが適切です。

さらには、インターネットの活用により応募者からの生の反応がつかめるとともに効果測定もできます。採用では、一方通行の伝達ではなく、企業と応募者の双方向のコミュニケーションが大切です。

3.D = desire（欲求）

「入社したらこんなビジネスマンになりたい」「自分のこんな能力を仕事で生かしてみたい」など、応募者はそれぞれの夢を持っています。夢の実現に近づいていくことに生きがいを感じているし、そのためなら努力もするのです。夢のない企業には誰も入社したいとは思いません。

したがって、夢のある企業、夢を実現できる企業であることを理解させなければなりません。そのためには、人事担当者やトップの人間力や魅力が必要になってきます。熱意や誠意を伝えるためには、入社案内などの紙面情報ではなく、生の声が一番説得力を持ちます。実際にその企業で働いている社員、先輩や人事担当者、経営トップがどんな夢を持ち、いかに生き生きとしたビジネスライフを過ごしているかを肌で感じさせ、夢を共有させることが大切です。彼らの口を通して語られる言葉やその姿に、応募者は自分の将来像を投影させるでしょう。リクルーターや人事採用担当者の資質が重視されるのはそのためです。

OBリクルーターを教育、組織化して人的なつながりによって採用している企業

も多いです。優秀な人材の獲得競争が激化している中では、接触、説得活動が採用成否の分かれ目になるからです。

4.M ＝ memory（記憶）
多くの企業の中から「あの会社が魅力的」「この会社を第一志望にしたい」というように、応募者の気持ちを確固たる意志をにさせ、記憶させなければなりません。そのためには、実際に会社を見学させたり、インターンシップを行うことが大切です。
その際に重要なことは、応募者にとっては会社訪問の受付担当者の応対から評価が始まっているということです。社内の雰囲気や説明会の運営手順などで見聞きすることが、すべて記憶の対象となり、評価の対象になります。受付応対が悪く、社内の雰囲気が暗いと、いくら人事担当者の説明会が説明会で熱弁を振って自社の将来性を説いてみても、その意は決して伝わりません。受付マナーの悪さや暗い社風の記憶の方が印象に残ってしまうのです。
「M」とは良い印象の記憶であって、「この会社こそ自分の将来を託せる」と確信できるメモリー作用でなければならないのです。

5.A ＝ action（行動）
応募者が漠然と抱いている志望動機（気持ちや意志）を入社のための行動に移せることです。そのためには、適性診断や一般常識試験、面接試験などの日程を封書や電話、インターネット、メールで連絡するだけでは不十分です。選ばれたという印象を応募者に与え、モチベーションをあげ、この会社に入りたいと思わせることが大切です。
特に中小・中堅企業の場合は、いったい何が選考基準になっているかが分からない場合でも少なくないです。会社訪問をして面接をしたら、すぐに内定通知が届くといった例もあります」。応募者側にしてみれば、自分の能力が十分検討され、本当に必要と思われてこそ入社したいという強い意志が生じます。その意志が入社という行動に移るのです。

＜リクルートコミュニケーションの確立＞
企業の情報提供から始まりリクルートコミュニケーションを通して、企業側は求める人材を選定し、応募者は入社したい企業を選んでいくことになります。応募者は、求める人材を選定し、応募者は入社したい企業を選んでいくことになります。応募者は最終的に就職先を決定する理由としては、次のようなものがあります。

・採用担当者の印象

・先輩社員の印象

・会社の雰囲気

・友人からのうわさ話や口コミ

つまり、「直接出会う人」を介して企業を選択していく傾向があるわけです。

口コミの発信源は、マスコミの記事であったり、インターネットや SNS などでの評価、会社訪問時の企業の応対（受付や会社の雰囲気など）であったり、OB 訪問時の先輩の印象であったりと、企業から見れば「ほんのちょっとしたこと」が応募者にとっては重要な決め手になる場合が多いのです。応募者たちは、極めて短い接触（リクルートコミュニケーション）を通じて企業を判断しているのです。

リクルートコミュニケーションとは、直接、面接試験で応対する応募者たちとの接触だけでなく、先輩、家族、仲間といった応募者の周辺にいる人々をも意識したコミュニケーションです。採用成功という目的に向けて、これらのコミュニケーションを細部まで管理していくことが大切です。

<アイドマ理論にもとづくリクルーティングの例>

アイドマ理論	目的	ツール
「A」＝注目 ⇒	企業の認知活動	■マスメディア ・就職情報誌・インターネット採用サイト ・テレビ・新聞
「I」＝興味 ⇒	興味の喚起	■ミニメディア ・HP、ダイレクトメール、 ・インターネット採用サイト ・入社案内
「D」＝欲求 ⇒	志望の動機づけ	■人的パワー ・リクルーター・OB ・トップの魅力
「M」＝記憶 ⇒	他社との差別化	■イベント ・業界セミナー ・会社説明会
「A」＝行動 ⇒	求める人物の判定	■コミュニケーション ・面接、試験、応募者とのライン ・内定者フォロー

④　採用要員計画の立て方

1. 採用要員計画のポイント

採用要員の計画を立てる際に重視するポイントは、次の５点です。

- ・中長期の視点での組織活性・組織改善を目的とする
- ・経営目標と方針に対応させる
- ・生産性が向上する組織づくりを目指す
- ・人事異動システムとの整合性を保つ
- ・組織理念との整合性を図る

また、要員計画は次のようなステップで行います。

要員計画のステップ

- ・職場ニーズの確認（要員計画のボトムアップ）
- ・経営計画の確認（要員計画のトップダウン）

採用計画・人事異動との検討・調整

Ａ. 採用計画の方法

採用計画の方法には、一般的に次のようなものがあります。

1. 経営計画充当法

経営計画充当法とは、企業の将来の目的実現のための必要な人材の能力、適性、人数を明確にし、要員計画を作成する方法です。具体的には、短期、中期経営計画に基づいた業務拡大、出店計画または工場増設、販売網の拡大など、将来の目的実現のために必要な組織・人員を計画する場合に利用されます。

2. 主力部隊分析法

各部門において実務を遂行する主力部隊の現状を分析・整理することにより、自社の要員計画の方針を決める方法です。主力部隊の若返り対策は、そのコスト、つまり人件費と直結します。主力部隊の平均年齢が１歳若返ることにより、企業の生産性を向上させ、付加価値を増し、競争力を高めることができます。全組織に対する主力部隊の構成比がポイントで、その分析によって足りない要員を考え

るわけです。

3. 管理職層分析法

管理職層と一般社員層のジェネレーションギャップやマネジメントギャップを分析する方法です。このギャップが大きければ大きいほど、一般職層と管理職層の溝が大きく、発揮されるパワーのロスも多いです。そこで自社の管理職層の課題を明確にして、マネジメントレベルをアップさせるために、管理職層と一般職層のバランスのとれた要員計画を考えるわけです。

B. 要員計画の分析ポイントと分析シート

前述の主力部隊分析法、管理職層分析法を使って要員計画を立てるためのシートを紹介しています。それぞれの要員計画に共通する分析ポイントは、以下のとおりです。

・人数、構成比………組織や部門内の対象者の人数と構成比を分析する
・平均年齢………対象者全員の平均年齢を記入する
・平均給与………対象者全員の平均給与を記入する
・課題テーマ………人数、構成比、平均給与など現状組織の課題を分析する
・原因………現状組織の課題の原因を調査・分析する
・改善対策………課題を改善するための対策を策定する

主力部隊分析シート

	人数・構成比	平均年齢	平均給与	課題テーマ	原因	改善対策
営業部門						
管理部門						
工場部門						
開発部門						
サービス部門						
業務部門						
会社全体						

C. 採用予算分析

1. 採用予算の必要性

採用活動計画を立てる際は、「予算範囲内で」という条件が当然つけられます。予算などなく、無制限に費用が認められるのであれば、これほど楽なことはないのです。経営計画上割り当てられた予算の中で、最善の計画を立てることが真の採用活動計画です。

採用活動を実施していくためにはさまざまな費用が必要となります。その最も代表的なものが、採用広報費です。これにはインターネット採用サイト費用、HP費用合同企業セミナーの参加費やダイレクトメール、入社案内の制作費などがあります。そのほか、選考費用として適性テストや採用試験問題の費用や、説明会実施の際の会場費など、さまざまな費用が発生します。また、忘れられやすい予算項目としては、応募者の旅費、交通費や学校訪問に際の担当者の交通費、その他事務用品費などがあります。したがって、採用活動全体を費用の面からも計画し、予算化することが必要になります。

2. 採用経費の内訳

採用にかかる主な経費は、広告宣伝費、選考費用、旅費・交通費、その他です。それぞれの内訳は、以下のとおりです。

○広告宣伝費
・インターネット採用サイト、HP
・新聞広告掲載料
・テレビ、ラジオ
・就職情報誌広告掲載料
・入社案内制作費
・その他リクルート CI ツール制作費

○選考費用
・面接実施費用
・会場設営費
・適性テスト実施費用
・入社試験実施費用

○旅費・交通費
・学生の旅費・交通費
・採用担当者の交通費
・学校訪問などの交通費

○その他
・事務用品費
・学生名簿料
・資料送付などの発送費

3. 採用コスト分析と分析

採用活動、特に採用広報活動が、当初設定した目的を達成できたか、期待どおりであったか、企業イメージがアップしたか、などを詳しく調査・分析することも大切です。その分析結果が、次年度以降の採用活動や採用広報の良き判断材料になり、より自社に適した媒体の選択、そして無駄のない採用計画づくり、つまりローコスト・リクルーティングにつながるからです。

採用広報活動の分析は、媒体別に発行時期、特性、広告内容、費用対効果などの項目について効果測定するのが最も効果的です。

測定データと応募者目標を比較し、そのギャップの原因をさまざまな角度から分析し、次年度の採用活動に生かすことが大切です。

採用広報コストの基本的な分析項目は、以下のとおりです。

・問い合わせ総数
・会社訪問数
・ターゲット数
・採用実績数
・媒体費用と広告内容
・採用者１人当たりのコスト

採用媒体分析シート

採用媒体名	金額	問合せ総数	会社訪問回数	ターゲット数	採用者1人当たりのコスト

D. 自社の採用基準の確立

人材採用の活動目的は、自分の会社に適した人物を必要な人数だけ採用することです。そのために、求める人物像を明確化し、選考する側の主観や個人差を排除して、その人物像に合った人材を選考できる仕組みをつくる必要があります。求める人物像について、実際に役員会や部長会でアンケートしてみると「積極的なタイプ」であるとか「企業内起業家タイプ」というような答えが返ってきます。しかし、これでは抽象的すぎて具体性がないのです。採用実務に携わるものとしては、この状態が一番困るのです。このようなケースを回避するためにも、自社の求める人物像を適性面や能力面、そして必要な資格などから具体的に明確化し、全体的に統一した見解を持つ必要がある。自社の求める人物像をどのようにして明確化していくか、その方法を紹介します。

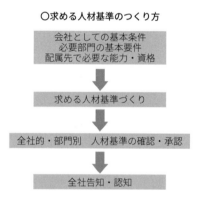

〇求める人材基準のつくり方

会社としての基本条件
必要部門の基本要件
配属先で必要な能力・資格

↓

求める人材基準づくり

↓

全社的・部門別　人材基準の確認・承認

↓

全社告知・認知

1. 求める人材基準のつくり方
自社の求める人材像を具体的に明確化するといっても、実際はなかなか困難です。ここで最も効率的な「求める人材基準」の作り方とステップを紹介します。重要なポイントは、人材基準は人事部だけでつくるのではなく、人材の要件について役員や部門から要望を出してもらい、それを人事部がまとめあげ、会社全体のコンセンサスをとっていくことです。
その方法としては、社内人材基準法と部門別人材アンケート法があります。

2．社内人材基準法
会社によっては、求める人材の能力や適性・資格などを人事部だけで整理できな

い場合もあります。そんな時は、人材基準選考委員会を設置して、社内人材基準をまとめています。これが社内人材基準法です。手続きとしては、まず社内各部署から模範となる社員を2から3名推薦してもらいます。次いで、その人物を人事部で面接し、求めている人材として必要な能力や適性・資格などを洞察します。そして、それらの能力や適性・資格を求める人材の必要要件として整理しています。その流れを示すと次のようになります。

求める人材基準のつくり方

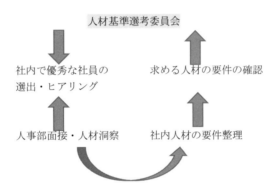

3. 部門別人材アンケート法

部門別人材アンケート法とは、自社の各部署の中から、たとえば「採用基準選考委員」などといった名称で担当者を選出し、そのメンバーに自社が求める人物の人材要素をアンケートし、各部署やセクションではどのような人材を求めているのかを整理していく手法です。アンケートの基本項目としては、次のようなものが必要です。

▶経歴・プロフィールに関するアンケート
　学歴、職歴、趣味、特技など個人の経歴・プロフィールに関する要望

▶適性に関するアンケート
　規律性、協調性、責任感、計画性などの適性に関する要望

▶能力に関するアンケート
　調整力、対人関係力、持続力、身体活動力、渉外力、企画力、完遂力、指導力、耐久力、チャレンジ力などの個人能力に関する要望

▶意欲に関するアンケート
　自己拡大意欲、自己成長意欲、達成意欲、活動意欲などに関する要望

この他、特定の部署やセクションにおいては、職務遂行上、特に必要となる能力
や資格を要することも考えられます。その際は、アンケートに資格や特別条件に
関する欄を設定し、部門特性・職務特性の関係上、特別に必要な条件（能力・資
格）に関する要望を記入してもらうようにする。この部門別人材アンケートの
フォーマット例とその記入例を紹介します。

部門別人材アンケートシート

人材テーマ	営業系	事務系	技術系
経歴・プロフィール			
適性			
能力			
意欲			
資格			
特別条件			

部門別人材アンケートシート記入例

人材テーマ	営業系	事務系	技術系
経歴・プロフィール	・大学卒（基本的に文系） ・クラブ活動経験者	・高卒以上 ・簿記経験者	・理工系学部出身者 ・高専出身者
適性	・協調性 ・責任感	・規律性 ・責任感	・計画性 ・責任感
能力	・渉外力・チャレンジ力 ・対人関係力・先進性 ・身体活動力	・耐久力 ・持続力 ・協調力	・企画力・チャレンジ力 ・持続力・先進性
意欲	・自己成長意欲	・自己成長欲	・達成意欲
資格	・特になし	・簿記１級取得者 ・ファイリング技術者	
特別条件	・サークル活動（イベント系）	・特になし	・特になし

4. 採用基準の作成と採用基準シート

前節で述べた社内人材基準法や部門別人材アンケート法で必要とされた要件を整理したら、次に具体的な採用基準をつくることになります。その手続きを整理すると、下記のようになります。

〇採用基準作成プロセス

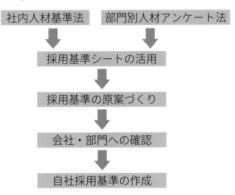

ここでは、求める人材像についてより具体的な項目を設定し、それを採用基準として整理することになります。

採用基準項目には、個人履歴（プロフィール）基準項目、適性・能力・意欲に関する基準項目、試験などに関する基準項目があります。具体的には、次のような項目です。

〇個人履歴（プロフィール）基準項目
・最終学歴
・専攻科目
・趣味
・特技
・クラブ・サークル活動内容
・アルバイト経験・内容
・語学経験（語学留学など）

〇適性・能力・意欲に関する基準項目
・適性面＝規律性、協調性、責任感、計画性など

・能力面＝調整力、対人関係力、持続力、身体活動力、渉外力、企画力、完遂力、指導力、耐久力、チャレンジ力など
・意欲面＝活動意欲、入社意欲、達成意欲、自己成長意欲、自己拡大意欲など
・試験などに関する基準項目
・適性テスト・適性検査
・一般常識試験（熟語、漢字の読み書き、ことわざ、格言、文章読解力、歴史、人文地理、文化、政治、経済、地理、数学、総合問題など）
・時事問題、自社関連問題、業界専門問題
・小論文、作文

職種別の採用基準をまとめるためのフォーマット例を紹介します。

採用基準シート（営業）

	選考テーマ	必 要 要 件	特 別 要 件
個人履歴	最終学歴		
	専攻		
	趣味・特技		
	アルバイト経験・内容		
	クラブ・サークル活動		
	海外経験（留学）		
適性・能力・意欲	適性面 規律性		
	協調性		
	責任感		
	計画性		
	能力面 調整力		
	対人関係力		
	持続力		
	身体活動力		
	渉外力		
	企画力		
	完遂力		
	指導力		
	耐久力		
	チャレンジ力		
	意欲面 自己拡大意欲		
	自己成長意欲		
	達成意欲		
	活動意欲		
試験	適性テスト		
	一般常識試験		
	時事問題		
	自社関係問題		
	業界専門用語		
	小論文・作文		

採用基準シート（事務）

	選考テーマ	必 要 要 件	特 別 要 件
個人履歴	最終学歴		
	専攻		
	趣味・特技		
	クラブ・サークル活動		
	アルバイト経験・内容		
	海外経験（留学）		
適性・能力・意欲	適性面　協調性		
	計画性		
	規律性		
	能力面　持続力		
	企画力		
	調整力		
	対人関係力		
	完遂力		
	チャレンジ力		
	耐久力		
	革新力		
	意欲面　達成意欲		
	活動意欲		
	自己成長意欲		
	自己拡大意欲		
試験	適性テスト		
	一般常識試験		
	時事問題		
	自社関係問題		
	業界専門用語		
	小論文・作文		

	選考テーマ	必 要 要 件	特 別 要 件
個人履歴	最終学歴		
	専攻		
	クラブ・サークル活動		
	趣味・特技		
	アルバイト経験・内容		
	海外経験（留学）		
適性・能力・意欲	適性面 計画性		
	責任感		
	協調性		
	規律性		
	能力面 企画力		
	持続力		
	調整力		
	対人関係力		
	革新力		
	チャレンジ力		
	完遂力		
	耐久力		
	意欲面 達成意欲		
	活動意欲		
	自己成長意欲		
	自己拡大意欲		
試験	適性テスト		
	一般常識試験		
	時事問題		
	自社関係問題		
	業界専門用語		
	小論文・作文		

E. 自社の採用力の構築

自分の会社に適した採用活動計画を立てるためには、まず自社にどれだけ人材を採用するパワーがあるかと診断する必要があります。応募者に対して「我が社にはどのような魅力があるのか」「採用活動においてどのように PR しているのか」といったことを体系的に分析します。そして、自社の人材採用においてパワーとなりうるものや逆にマイナス要素になりうるものを十分に理解したうえで、採用計画や求める人物像を設定することが重要です。

リクルート QC とは、採用活動を効率的に進め、求める人材を採用するために自社の採用パワーを正確に分析・診断するための手法です。このリクルート QC 分析をベースに、自社の採用パワーに適した採用スケジュールや採用予算の立案、そして採用活動全体を計画することが重要です。

1. リクルート QC の分析ポイント
   リクルート QC の分析の要点を整理すると、次の点が指摘できます。

2. 経営環境の分析
   自社のトップ（社長）や経営方針、経営戦略、社風、企業イメージ度（社会的認知度）、社会貢献度などの分析・診断

3. 事業環境の分析
   自社の将来性や製品・商品・サービス、営業力や販売力、研究開発力や国際性などの事業環境の動向についての分析・診断

4. 人事環境の分析
   自社の人事方針や教育・研修、資格取得、昇進・昇格などの各種人事制度、また配属や定着性などの人事環境についての状況分析・診断

5. 職場やビジネス生活環境の分析
   職場の雰囲気や給与・賞与、休日・休暇、社宅・寮、クラブおよびサークル活動、そして社内行事やレクリエーションなどのビジネス生活の環境についての分析・診断

6. 採用環境・パワーの分析

　自社の採用実績や採用スケジュール、予算やメディア、採用ツールの整備、試験の方法、説明会・面接の実施方法、フォローの仕方など採用実態についての分析・診断

◪. リクルート QC シートの活用

前述したリクルート QC の各項目を分析し、採用活動に生かせる整理資料としていくためには、リクルート QC シートを利用すると効果的です。各リクルート QC 項目についてそのレベルを評価し、優れている点や課題・問題点などを体系的に評価することにより、自社の採用パワーの客観的な分析と見直しが可能な限り、今後の採用計画や採用実務に役立てることができます。

リクルート QC 分析の進め方は、次のとおりになります。

①リクルート QC 分析の進め方

客観的評価をするための評価者を選定（多方面から）

自社のリクルートＱＣテーマの５段階評価
（経営環境、事業環境、人事環境、社風・ビジネス生活環境、採用環境）

リクルートＱＣ項目の平均を各テーマ別に計算し、
自社の経営環境の強み・弱みを分析する

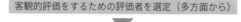

リクルートＱＣ項目における自社の強み・弱みの
具体例を簡潔にまとめる

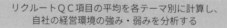

評価者全員のリクルートＱＣシートの平均を計算してまとめる

②リクルート QC レーダーチャートの活用

リクルート QC シートにより分析した結果をさらに体系的に整理し、自社の採用パワーを見直したり、課題点を見つけ、その対策方法を構築するためには、リクルート QC レーダーチャートを活用するとよいです。

リクルート QC テーマである自社の経営環境、事業環境、人事環境、社風・ビジ

ネス生活環境、採用環境の強み・弱みが明確化されるとともに、今後どのように採用活動を展開すべきかといった道しるべとなります。

なお、リクルート QC シートおよびリクルート QC レーダーチャートで把握した自社の強み・弱みについては、シートに示した自社の強み・弱み分析シートを使って整理すると良いです。

リクルート QC レーダーチャートの実施フロー

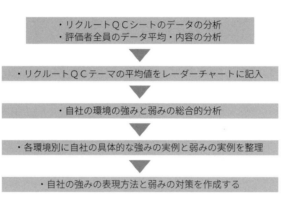

・リクルートＱＣシートのデータの分析
・評価者全員のデータ平均・内容の分析

・リクルートＱＣテーマの平均値をレーダーチャートに記入

・自社の環境の強みと弱みの総合的分析

・各環境別に自社の具体的な強みの実例と弱みの実例を整理

・自社の強みの表現方法と弱みの対策を作成する

リクルート QC レーダーチャート

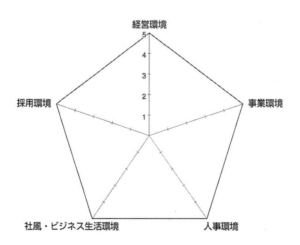

リクルート QC シート

リクルーティング QC 項目		悪い	やや悪い	普通	やや良い	良い	評価	優れている点	課題・問題点
経営環境	トップの魅力	1	2	3	4	5			
	経営方針	1	2	3	4	5			
	経営戦略	1	2	3	4	5			
	組織風土・認知度	1	2	3	4	5			
	企業イメージ	1	2	3	4	5			
	社会貢献度	1	2	3	4	5			
事業環境	成長力	1	2	3	4	5			
	安定力	1	2	3	4	5			
	商品力・製品力	1	2	3	4	5			
	サービス力	1	2	3	4	5			
	営業力	1	2	3	4	5			
	事業ビジョン	1	2	3	4	5			
	研究開発力	1	2	3	4	5			
	国際性	1	2	3	4	5			
	事業所網	1	2	3	4	5			
人事環境	人事方針	1	2	3	4	5			
	人事部門力	1	2	3	4	5			
	教育・研修	1	2	3	4	5			
	資格制度	1	2	3	4	5			
	昇進・昇格	1	2	3	4	5			
	配属	1	2	3	4	5			
	定着力	1	2	3	4	5			
社風・ビジネス生活環境	職場の雰囲気	1	2	3	4	5			
	給与・賞与	1	2	3	4	5			
	休日・休暇	1	2	3	4	5			
	社宅・寮	1	2	3	4	5			
	クラブ・サークル	1	2	3	4	5			
	利用施設	1	2	3	4	5			
	社内行事	1	2	3	4	5			
採用環境	採用実績	1	2	3	4	5			
	採用目標	1	2	3	4	5			
	採用予算	1	2	3	4	5			
	採用計画	1	2	3	4	5			
	採用試験	1	2	3	4	5			
	説明会	1	2	3	4	5			
	内定者フォロー	1	2	3	4	5			

リクルート QC シート記入例

リクルーティング QC 項目		悪い	やや悪い	普通	やや良い	良い	評価	優れている点	課題・問題点
経営環境	トップの魅力	1	②	3	4	5	2		広報手段
	経営方針	1	2	③	4	5	3		
	経営戦略	1	②	3	4	5	2		
	組織風土・認知度	1	2	3	④	5	4		
	企業イメージ	1	2	3	4	⑤	5	IR 広報	
	社会貢献度	1	②	3	4	5	2		広報手段
事業環境	成長力	1	②	3	4	5	2		
	安定力	1	2	3	④	5	4	IR 効果	
	商品力・製品力	1	2	3	4	⑤	5	CM 効果	
	サービス力	1	2	3	④	5	4		
	営業力	1	2	③	4	5	3		
	事業ビジョン	①	2	3	4	5	1		明確性
	研究開発力	1	2	3	④	5	4		
	国際性	1	②	3	4	5	2		PR 内容
	事業所網	1	2	③	4	5	3		
人事環境	人事方針	①	2	3	4	5	1		未決定
	人事部門力	①	2	3	4	5	1		人材不足
	教育・研修	1	2	③	4	5	3	OJT 参加	
	資格制度	1	②	3	4	5	2		
	昇進・昇格	1	②	3	4	5	2		評価制度
	配属	1	2	③	4	5	3		
	定着力	1	2	3	④	5	4	歩留率 UP	
社風・ビジネス生活環境	職場の雰囲気	1	2	3	④	5	4	コミュニケーション	
	給与・賞与	1	②	3	4	5	2		実績
	休日・休暇	1	2	3	4	⑤	5	日数・取得率	
	社宅・寮	1	2	3	④	5	4		
	クラブ・サークル	1	②	3	4	5	2		成績
	利用施設	1	②	3	4	5	2		老朽化
	社内行事	1	2	③	4	5	3		
採用環境	採用実績	1	2	3	④	5	4	人数	
	採用目標	1	2	3	④	5	4	期間	
	採用予算	①	2	3	4	5	1		
	採用計画	1	②	3	4	5	2		
	採用試験	①	2	3	4	5	1		未整理
	説明会	1	②	3	4	5	2		
	内定者フォロー	①	2	3	4	5	1		未整理

自社の強み・弱み分析シート

分析テーマ	自社の強み	自社の弱み	対策ポイント
経営環境			
事業環境			
人事環境			
社風・ビジネス生活環境			
採用環境			

G. リクルート CI の重要性

リクルート CI とは、一般的な CI（コーポレート・アイデンティティ）の考え方や手法を採用活動に活用し、自社の魅力や特性を応募者に効果的に理解、伝達させるための手法です。いわば、「人が入社したくなるような企業の魅力づくり」をすることです。採用活動とは、企業が人材を選ぶと同時に、応募者に選ばれるための活動でもあります。

リクルート CI は、先に述べたリクルート QC による自社の魅力の分析結果を基に進めていけば良いです。自社の中の業界ナンバーワンを探すことではないということです。

企業にはそれぞれ必ず魅力や特性があります。それをいかに上手に表現し伝達するかがリクルート CI のポイントです。つまり、リクルート CI とは、これだけは他社と比べても遜色がないというオンリーワンを探し、それを自社の魅力として創造していくことなのです。

リクルート CI 活動で一番失敗する要素としては、「我が社は駄目」と決めつけることです。立地条件が悪いとか、会社の規模が小さいとか、業界が悪いとかえって最初からあきらめることです。リクルート CI は未来志向でなければなりません。将来に向けてやりたいことなど夢づくりを行うことです。応募者は自分の将来を築くために入社してくるからです。「5 年後には新社屋を建てる」「海外進出する」「新製品を開発する」などなんでもよいのです。前向きな夢づくりこそがリクルート CI には大切です。

〇リクルート CI の志向ポイント

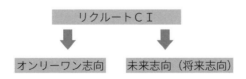

H. リクルート CI 分析の方法

リクルート CI 分析では、リクルート QC 分析によって明らかにした環境テーマ別（経営環境、事業環境、人事環境、社風・ビジネス生活環境、採用環境）の自社の魅力や強み・弱みが現状にどう表現され、どの採用ツールに表現されるかを分析します。

その分析を体系的に行うためには、「リクルート CI 分析シート」を活用するとよいです。分析結果をこれに整理することで、自社の魅力や強みが効率的に採用ツールに表現されているか、また今後整備しなければならないリクルート CI ツールは何かが明確になるからです。

リクルート CI 分析シートには、経営環境、事業環境、人事環境、社風・ビジネス生活環境、採用環境の 5 つの環境テーマ別に、以下に示す点をそれぞれ整理することになります。

▶現状 PR ポイント
　現状の自分の会社の魅力はどのようなものか、またどのように PR できるかを記入する

▶改善 PR ポイント
　現状の PR 内容を分析し、さらに効果的 PR 出来る方法や改善内容を記入する

（複数に表現されている場合は、複数記入）
▶リクルート CI ツール
　各リクルート CI 項目は、現在、どのツールに紹介され、活用されているかと記入する
▶ PR 内容
　リクルートツールに紹介してある魅力内容を記入する
▶表現方法
　具体的なキャッチコピーやビジュアル表現の方法などを記入する

リクルート CI 分析シート（経営環境）

リクルートＣＩ 項目	現状ＰＲ ポイント	改善ＰＲ ポイント	リクルートＣＩ ポイント	ＰＲ内容	表現方法
経営方針					
トップの魅力					
経営戦略					
組織風土					
企業認知度					
社会貢献度					

リクルート CI 分析シート（事業環境）

リクルートＣＩ 項目	現状ＰＲ ポイント	改善ＰＲ ポイント	リクルートＣＩ ポイント	ＰＲ内容	表現方法
事業ビジョン					
成長性					
安定性					
商品力・製品力					
営業力					
サービス力					
研究開発力					
国際性					
事業所網					

リクルート CI 分析シート（人事環境）

リクルートCI 項目	現状PR ポイント	改善PR ポイント	リクルートCI ポイント	PR内容	表現方法
人事制度					
教育・研修					
資格制度					
昇進・昇格					
人事異動					
定着性					

第4章　パラダイムチェンジ新時代の重要経営コンサルティング

85

リクルート CI 分析シート（社風・ビジネス生活環境）

リクルートCI 項目	現状ＰＲ ポイント	改善ＰＲ ポイント	リクルートCI ポイント	ＰＲ内容	表現方法
職場の雰囲気					
給与・賞与					
休日・休暇					
寮・社宅					
クラブ・ サークル					
福利厚生施設					
社内行事・ イベント					

リクルート CI 分析シート（採用環境）

リクルートCI 項目	現状PR ポイント	改善PR ポイント	リクルートCI ポイント	PR内容	表現方法
採用目標					
採用実績					
採用予算					
採用計画					
説明会					
採用試験					
内定者 フォロー					

リクルート CI 分析シート（体系）

リクルート CI 項目		現状 PR ポイント	改善 PR ポイント	リクルート CI ポイント	PR 内容	表現方法
経営環境	経営方針					
	トップの魅力					
	経営戦略					
	組織風土					
	企業認知度					
	社会貢献度					
事業環境	事業ビジョン					
	成長性					
	安定性					
	商品力・製品力					
	サービス力					
	営業力					
	研究開発力					
	国際性					
	事業所網					
人事環境	人事制度					
	教育・研修					
	資格制度					
	昇進・昇格					
	人事異動・配属					
	定着力					
社風・ビジネス生活環境	職場の雰囲気					
	給与・賞与					
	休日・休暇					
	社宅・寮					
	クラブ・サークル					
	福利厚生施設					
	社内行事・イベント					
採用環境	採用目標					
	採用実績					
	採用予算					
	採用計画					
	説明会					
	採用試験					
	内定者フォロー					

⑦リクルートCIコンセプトのつくり方
コンセプトづくりのステップ
リクルートCIのコンセプトは、第1ステップ「手がかり」、第2ステップ「ネタ
探し」、第3ステップ「見直し」というようにステップを踏みながらまとめると
よいです。

Ⅰ. リクルートCIコンセプトのつくり方

第1ステップ「手がかり」
- 会社に「大きさや安定感」を感じるところはどの部分か
- 会社に興味を引く部分はどこか
- 会社に新しい動きがあるか
- 新しい動きは、将来どのようなメリットを生み出すか
- 会社の不利な面は、どんな部分か
- 競合他社の魅力は
- 応募者をテーマにできないか
- 社会的な話題がテーマにならないか

第2ステップ「ネタ探し」
▶トップマネジメント
　経営者のプロフィール、経営理念や方針
▶組織風土要因
　社風、職種（仕事内容）、社員数、平均年齢、社員のタイプ、人事管理と方針、
　教育研修、組織内容
▶経営基盤要因事業内容、会社の沿革、売上高、利益高、資本金、事業所サー
　ビス網、事業所ビル、社会的役割上場・非上場、取引先、業界展望、関連会社
▶営業戦略要因
　営業方針、商品、サービス内容、研究開発、海外活動
▶その他採用環境要因
　求める人物像、採用難易度、会社説明会の実施、会社訪問の実施、応募者実
　数、選考試験、募集条件

リクルートＣＩのコンセプトづくりのステップ

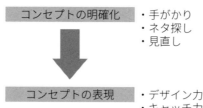

コンセプトの明確化	・手がかり ・ネタ探し ・見直し

コンセプトの表現	・デザイン力 ・キャッチ力 ・コピー力

第3ステップ「見直し」
- 応募者の関心を引きそうか
- 会社の良さをうまく表現しているか
- 他社との違いが出ているか
- 会社にとって利益を生み出すか
- タイムリーであるか（使い古されていないか）
- 虚偽誇大ではないか、信頼性があるか
- 制作上、無理がないか（コスト、日程、技術的可能性）

🅙. コンセプト表現のポイント

リクルートCIコンセプトの注目度を高め、応募者に行動を起こさせるためには、表現に強い訴求力が必要である。そのためには次のような条件が必要です。

・ユニークであること
応募者は、何百・何千という数の求人広告を目にします。まず応募者の目にとまり、強く印象づけられるものでなければなりません。そのためには、表現そのものが、他社の求人広告と比べて際立っていること、ユニークであることが大切です。

・相手を共感させること
相手の目をとらえたら、次に心をとらえなくなくてはなりません。目立つだけでは行動は起きません。表現されている企業の事業内容や職場、企業の経営方針やビジョン、人材観について興味を持たせ、このような企業のあり方を好ましいと共感させなくてはなりません。応募者の意識や興味の方向を正しく理解し、それ

に沿った表現ができれば、もっと詳しい情報を知りたいという衝動を引き出すことができます。

・応募者の知りたい情報が詳しいこと
就職とは応募者にとって、一生を左右する重大な選択です。応募者にとって知りたい情報は山ほどあり、それを詳しく理解させなくはなりません。知らないというのは、不安な気持ちにさせるからです。

K. リクルート CI コンセプトの表現方法

リクルート CI のコンセプトを表現する方法としては、次のようなものがあります。

・社員の1日の生活
・先輩の言葉
・説明会
・座談会
・インタビュー
・対談
・図・グラフ
・社長の言葉
・ルポタージュ
・写真
・Q&A
・評論家などの第三者の言葉

これらの方法は、たとえば次にようにリクルート CI のテーマに応じて使い分けるとよいです。
・現状・・・・・図、グラフ、写真
・将来・・・・・説明文、グラフ
・経営方針・・・社長の言葉、インタビュー、対談
・職場・・・・・先輩の言葉、写真
・人事方針・・・対談、グラフ、データ

・福利厚生・・・写真、Q&A
・採用方針・・・Q&A

⬛. リクルート CI ツールの整理

リクルート CI によってつくりあげた自社のアイデンティティは、さまざまな広報媒体・情報媒体を通じて社外に発信されることになります。この広報媒体・情報媒体がリクルート CI ツールです。リクルート CI ツールは、それぞれの目的と役割に適した内容が上手に表現されているかを体系的に整理して制作していくことが大切です。

リクルート CI ツールによっては、伝えやすい情報・伝えにくい情報があります。入社案内ビデオのように映像でなければ伝えられない内容や、ポスターのように瞬間のインパクトで訴求したほうが良い情報もあります。ツールの内容に無理・ムラ・無駄のないよう、それぞれのコンセプトや情報項目、表現方法、キャッチコピー、訴求時期などを整理することにより、リクルート CI 活動を効果的・効率的に実施することができます。具体的には、それぞれの媒体ごとに次の点を整理します。

▶コンセプト
　リクルート CI ツールの訴求目的・役割
▶情報項目
　掲載されている情報の種類と内容
▶表現方法
　説明会やインタビュー、対談、座談会、Q&A、ルポ、写真、図・グラフなどの表現方法
▶キャッチコピーポイント
　応募者にインパクトを与え、好印象を持ってもらうためのメッセージ
▶予算
　企画、デザイン、コピー、印刷などの費用
▶期間・タイミング
　ツールの活用期間、タイミングなど

リクルート CI ツール整理シート①

リクルート ＣＩツール	コンセプト	情報項目	表現方法	キャッチ コピー	予　算	期間・ タイミング
HP						
入社案内						
採用サイト						
ビデオ DVD CD						

2 人材教育コンサルティング手法

　パラダイムチェンジ新時代に必要で重要な人材は教育し育てる以外にありません。たとえ有能なキャリア人材であってもそれぞれの企業・仕事に適した能力・技術・技能を教え身につけさせなければ戦略的人材にはなりません。人材教育のコンサルティング力が期待される所以はそこにあります。それでは人材教育コンサルティングの方法を解説していきます。

A. 人材教育プログラムの作成方法

人材教育プログラムの作成は、教育のニーズ、テーマ、課題によって違うため、教育効果を考えて十分検討し作成しなければなりません。従ってどんな教育プログラムを作成する場合でも、次のプロセスで検討するのが大切です。

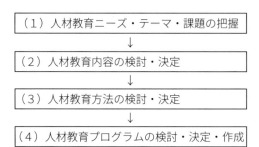

○人材教育ニーズ・テーマ・課題の把握
人材教育ニーズ・テーマ・課題とは、「教育を必要としている部分、すなわち能力、資質として"欠けているところ"」という点です。この教育必要点は、期待能力と現状能力の差異といえます。そこで、関係者にインタビューして聴き出すか、あるいは対象者に対して直接面接して聴いたり、行動観察を行ってニーズを把握することがポイントとなります。

○人材教育内容の検討・決定
人材教育プログラムの作成プロセスの第2段階は「人材教育内容の検討・決定」

です。これは、いうまでもなく教える内容を決めるということです。とはいえ、教える内容の細かいことまで決めるということではなく、大まかなことを決めるということです。換言すれば、柱となる主要な教育項目を決めるということです。その検討・決め方は、人材教育ニーズ・テーマ・課題のなかから選ぶということになります。人材教育ニーズのなかには、確かにニーズ（必要性）はあるが、能力的に教えられないもの、あるいは自己啓発に任せてよいものなどがあり、実際に教えられるものを選び出すことが必要です。

○人材教育方法の検討・決定

人材教育内容が決定したら、次にそれをどのように教えていくかという方法論について考えることが必要です。教育方法の検討決定では、一般的に2つのことを行います。

その1つは、「教える順序」を決めることです。先述の前段階②で取り上げることを決めた教育項目について、どのような順序で教えていくかを決めることです。これは、いってみれば教育項目の配列を決めること、教育項目の体系化を行うということです。

もう1つは教育技法の選択です。すなわち、その教育、研修で用いる教育技法としてふさわしいものを選ぶことです。

○人材教育プログラムの検討・決定・作成

最後のステップは「教育プログラムの検討・決定・作成」です。これは、教育、研修を行うのに必要とされる情報をコンパクトにまとめたものです。教育プログラムというと、教育内容だけを指すことが多いのですが、教育内容だけではなく、その他の情報も盛り込んだものです。

つまり、1つには、「教育の目的」があります。何のためにその教育、研修を行うかを明らかにするということです。また、教育の期間、日時といったものも重要です。この他、教育をする場所、担当講師名、参加者数なども、教育実施計画に盛り込む必要があります。

B. 人材教育ニーズ・テーマ・課題の把握方法

人材教育ニーズ・テーマ・課題の把握方法は大きく、教育インストラクター（講師）が行うものと、第一線の管理・監督者が行うものの2つに分けられます。

1. 教育インストラクター（講師）が行う人材教育ニーズの把握法

教育インストラクター（講師）が行う人材教育ニーズの把握法には様々なものがありますが、以下に掲げる4つの方法は、その代表的なものです。これらのなかの1つではなく、いくつかのものを組み合わせて行うと、より的確に教育ニーズを把握することができます。

1）研修後のアンケート調査

　教育・研修の終了後、ほとんどの会社で、アンケート調査を行っています。その内容は、実施した教育・研修の内容の理解、講師に関するものなどが中心ですが、これらに「これから受けたい教育テーマ」などといった項目を設けて答えてもらうようにします。この際、受講者がいろいろと答えやすいように、回答のスペースを広くするなど工夫をすることが大切です。

2）聞き取り調査

　聞き取り調査による教育ニーズの把握というのは、教育担当者又は受講者に対して個人別に教育ニーズについて聞き出すというやり方です。この方法をとるときは、教育ニーズを的確に引き出す質問をすることが、まず大切です。次に、聞き出した事柄を記憶にとどめておくのではなく、正確に記録することです。

3）自己申告制

　多くの会社で自己申告制を実施しています。自己申告制は、会社の目標と個人の目標（欲求）とを統合していくという、人事管理上の重要な制度です。自己申告書では、現在の仕事に対する満足度、将来異動してみたい職場などを記入させることにより、教育ニーズを把握しています。

4）全社的ニーズ調査

　全社的ニーズ調査というのは、全社員を対象に教育ニーズに関するケンケート調査を行うことです。従業員が何千、何万人といる会社では、かなり費用がかかるので実施は困難ですが、人数が少ない会社では、この全社的ニーズ調査を行うとよいでしょう。この調査は全社員の教育ニーズを一度に知ることができる利点があります。

2. 第一線の管理・監督者が行う人材教育ニーズの把握法

では、第一線の管理・監督者が行う場合はどうでしょうか。

1）仕事振りの観察

第一線の管理・監督者が行う教育ニーズの把握法として「仕事振りの観察法」
があります。これは、部下が仕事をしている様子をみて、能力、資質につい
て探るというやり方です。つまり、仕事振りを見て、欠けている知識、技術、
態度を発見していくという方法です。

2）仕事の結果の分析

部下が行った仕事の結果を分析して不足している知識、技術、態度などを見
つけ出していくという教育ニーズの把握の仕方が「仕事の結果の分析」とい
う方法です。すなわち、部下の仕事の成果がよければ、必要能力、資質を有
していると判断できます。しかし、逆に成果が悪い場合には、能力、資質が
不足していると判断してよいでしょう。これらのことから「仕事の結果の分
析」は、有力な教育ニーズの把握法といえます。

3）能力考課

年俸制など能力主義的賃金の導入が増え、人事考課制度の充実化を図る企業
が多くなりました。この人事考課は、業績考課、態度考課、能力考課の３つ
に分かれますが、能力考課は、必要とされる能力の保有状態をチェックし評
価できます。これにより、教育ニーズを把握することができます。

C. 人材教育レジュメ・テキスト作成の方法

人材教育プログラムの作成が終わり、関係者の了解を得たら、それに基づいて、
教育テキストを作成する必要があります。最近では文章で埋め尽くしたテキスト
ではなく、レジュメ・テキストを使用することが多くなりました。

1. 教育レジュメ・テキストとは何か

「レジュメ」とは、「骨子、大要、概略」といった意味の言葉です。つまり、キー
ワードのことで骨子となる重要な言葉だけを並べたテキストということです。そ
れは重要語をアットランダムに並べたものではなく、体系的に整理し、受講者の
理解度を高めるため、作成することが大切です。

2. レジュメ・テキスト作成の狙い

文章で埋めつくしたテキストよりも、重要項目を、間隔をおいて記載したレジュメ・テキストが多く使われるのには、以下の理由があります。

1）書くことによって記憶させる

　　文章で埋めつくされた教育テキストに基づいて授業を受けると、受講者は、文章を目で追うだけで、ほとんど記憶しようとしません。教育レジュメ・テキストをつかうと、自分で書き込まなければならないため、書くことによって記憶することが可能となります。

2）ポイントを考えさせる

　　受講者は、講師の話を聞いて、書き込んでいくわけですが、講師が話したものをすべて書くことができません。ポイントと思うものだけを記入することになり、まとめることができます。

3）完成させる喜びを与える

　　教育レジュメ・テキストは、いってみれば未完成品です。受講者が書き込んでいくことによって、自分なりの教育テキストの完成品になります。このことにより、受講者は自分の教育テキストを完成させる喜びを味わうことができます。

3. 教育レジュメ・テキストのつくり方

1）教育プログラムの項目を掘り下げる

　　教育レジュメ・テキストを作成するということは、教育プログラムの教育項目（大項目）を掘り下げることです。つまり、大項目について、中項目を考え出して配列し、その中項目について小項目を考え出すということです。

2）中項目、小項目の配列をよく考える

　　いま、大項目としての教育項目について、中項目、小項目を掘り下げていくのですが、この際留意すべきことは、中項目、小項目の配列を慎重に考えることです。どのような配列にするかは、重要度、時系列、仕事の手順などの観点から、いろいろと考えて最適の配列の仕方を決めることが重要です。

3）項目の表現は簡潔にする

教育レジュメ・テキストの教育項目については、それが大項目、中項目、小項目問わず、キーワード的に簡潔に表現することが重要です。

4）右ページ又はキーワードの下方は空白にする

教育レジュメ・テキストは空白部分を多くして、そこに書き込めるようにします。そのためキーワードの下方を空白にして、十分に書き込みが出来るようにレイアウトします。または見開きにして、左ページに文字を載せ、右ページは白にして、受講者が自由に書き込めるようにします。

D. 人材教育構成パターン

1. 教育論理構成パターンとは何か

「教育論理構成のパターン」とは、多くの講師・インストラクターが行う論理構成のパターンであり、思考パターンと言うこともできます。講師・インストラクターがあるテーマについて話す場合、その講義や説明の内容をシステム的に表したもので、例えば次の図のようなものです。

これをみてもわかるように、あるテーマについて講義、説明をする場合、まず定義からはじまり、それが必要とされる理由、背景などを話したあと、その概念の内容構成を話す…といった順番で講義、説明することを表しています。

しかし、この7つのことをすべて話す場合もあれば、どれかを抜かして話すケースもあります。

＜教育論理構成パターンの例＞

1. 定義、意義	
2. 背景、理由、原因	目的・狙い・重要性・必要性
3. 内容構成、骨子、種類、形態	
弁証法　4. メリット、効果、利点、長所	
5. デメリット、問題点、欠点、短所	
6. 対策、方法、留意点	
7. 関連事項、類似点、相違点	

2. 教育論理構成の各要素

教育論理構成のパターンには、「1.定義、意義」から「7.関連事項、類似点、相違点」まで7つの事項が並んでおり、この順番で話していけば、受講者から、あるいは周囲の人から「論理的である」と高い評価を受けることができます。した

がってテーマが与えられたら、この 7 つの事項について具体的に考えていくようにします。

1 ）定義、意義

あるテーマ、あるいは概念について説明する場合、まずその概念の定義から話すことが圧倒的に多いといえます。つまり、「○○とは何か」とか「○○はどういう意味か」などというレジュメの項目を設けて、その意味や意義を説明するということです。なぜ、こうするかといえば、まず受講者に対して、その概念の意味を教えてないと、その先のことが説明できないからです。

2 ）背景、理由、原因

定義、意義について説明したら、次にその概念が出てきた背景、理由、原因などについて話します。たとえば「○○が生まれた背景」とか「○○が必要とされる理由」あるいは「○○が発生した原因」などという項目を掲げて説明します。

3 ）内容構成、骨子、種類

①と②の話が終わると、次にその概念の内容構成について話します。つまり、その概念がどのような内容の構成（組み立て）になっているかを話すことです。概念によっては、内容構成というよりも、骨子、種類、形態といったほうがよい場合もあります。もちろん、内容構成の各要素については具体的に話さなければなりません。

4 ）メリット、効果、利点

ビジネスの世界では、物事に関して、そのメリット、効果、利点は非常に大切です。したがって、講義、説明でも「○○のメリット」などという項目を多くします。そのメリット、効果が大きいと判断される場合、これに積極的に取り組むし、そうでない場合には消極的な態度を示すのは当然と言えます。そこで、講義・説明では、メリット、効果、利点などについては、箇条書きにしてわかりやすく話すことがポイントです。

5 ）デメリット、問題点、欠点

物事にメリット、効果、利点があれば、その裏側には、必ずといってよいほどデメリット、問題点、欠点があります。メリット、効果、利点などの良い

面、プラス面だけを話して、その逆のデメリット、問題点、欠点などの悪い面、マイナス面に触れないというのは、バランスを欠いています。したがって、メリット、効果、利点などに触れる場合には、その逆のデメリット、問題点、欠点などにも必ず触れるようにすることが大切です。

6）対策、方法、留意点

ビジネス行動、とりわけ仕事の遂行に関するテーマで教える場合には、方法論がその中心になります。対策、方法、留意点などに触れる場合には、その概念のメリット、問題点、利点をどのように克服するのかという観点から話すことがポイントです。つまり、良い点は伸ばし、悪い点は改めるという方向で話すことが大切です。

7）関連性、類似点、相違点

あるテーマ、概念について、①から⑥までの論理構成で説明したあと、そのテーマ、概念に関係する項目について説明したほうがよいと判断される場合には、関連事項、両者の類似点、両者の相違点などを説明します。これらの関連事項について、その類似点だけでなく相違点を話すということは、概念間の関連性がよく理解でき、受講者にとっては、大いにプラスになります。

E. 教育論理の展開の仕方

講義・説明は、論理的に行わなければならないとよくいわれます。いかに「知識の体系化」をうまく行い、よい教育レジュメを作成したとしても、実際の講義・説明が論理的でなかったら、受講者は理解できないばかりか、講師・インストラクターに反発さえします。そこで実際に話をする場合の教育論理の展開法について説明します。

1.「教育論理の展開」とは何か

まず、「教育論理の展開」とは何かについて理解しなければなりません。「教育論理の展開」の「論理」というのは、「話の道筋」のことであり「議論の筋立て」のことです。つまり、「話の前後に矛盾なく理路整然と話すこと」です。
西欧においては、言葉（ロゴス）がすなわち論理（ロジック）的であり、論理的

に話すのは比較的易しい。これに対して、日本語は感情表現に優れてはいるが、あまり論理的ではないため、とくに講義、説明については、意識して論理的に話すように、つまり教育論理を展開するようにしなければなりません。

2.「教育論理の展開」の方法

「教育論理の展開」というのは、学問的には、論理学の問題です。論理学では、昔から「論理の展開」について研究され、それが実際につかわれています。以下で、よく使われている論理の展開法を紹介します。

1）演繹法的展開法

　演繹法とは、「まず論理・理屈（ということは原理・原則）」を話し、そのあととそれに基づく具体的な方法、方策を話すという論理の展開の仕方です。たとえば、協調性の指導をする際、まず「組織は協働体系であるから、協力・協調が欠かせない」という一般原則を述べたあとで、「協力・協調していくには、まず周辺の人たちを理解することから始めなければならない」と、具体的な方法・やり方について説明するというかたちで展開していく方法です。演繹という言葉は、もともと儒教にでているもので、その意味は「演」も「繹」も述べるということです。しかし、朱子学にいたって特別の意味を持つ言葉になり、日本では明治時代になって、西欧の「デダクション」を「演繹」と訳したものです。

2）三段論法的展開法

　三段論法は、演繹法の変形です。演繹法がまず原理・原則の話をし、そのあと具体論を話すといった具合に二段階であるのに対し、三段論法は、文字通り三段階に分けて論理を展開していきます。
　　・第一段（大前提）「人間は動物である」
　　・第二段（小前提）「動物は死ぬ」
　　・第三段（結論）「ゆえに、すべての人間は死ぬ」
この例からもわかるように、三段論法では、①大前提→②小前提→③結論という順序で話すということです。

3）帰納法的展開法

　帰納法は、西欧の「インダクション」の翻訳語であり、演繹法とは、まった

く逆の展開法です。すなわち帰納法では、まず具体的なもの、具体的な方法、やり方について話をし、そのあとこれに関する原理・原則について話すという論理の展開法です。

その具体的な展開法について、先の協調性の指導の例でいえば、まず「職場では、みんなが一生懸命協力している」とか「協力、強調している職場は生産性が高い」などと、具体的な事実を示し、そのあと「組織を効率的に動かすには、みんなの協力・強調が欠かせない。それが組織の原則である」などと、原理・原則を示すという論理の展開をします。

4）弁証法的展開法

弁証法というのは、ギリシャ時代に問答法とか対話術などと呼ばれたものですが、ドイツの哲学者ヘーゲルによって現在のようなかたちになりました。ヘーゲルの弁証法に基づいてマルクスが『資本論』を著したことは、よく知られているとおりです。

弁証法は、下図をみても明らかなように、ある１つの意見、考えを「正論」とみなし、これに対して「反論」を示し、最後に「合」という結論を引き出すという論理の展開のやり方です。

具体例を示すと、「○○には、これこれのメリットがある」と話したあと、「だが逆に、これこれのデメリットがある」と指摘したのち、「これらのメリット、デメリットを考えて、こうすべきである」と説明するのが、この弁証法的展開法です。

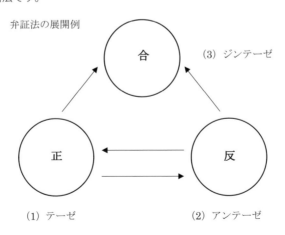

弁証法の展開例

（3）ジンテーゼ

合

正 ← 反

（1）テーゼ　　（2）アンテーゼ

5）因果関係論的展開法

　　因果関係というのは、因果の法則にしたがって論理を展開していく方法です。因果の法則は、いうまでもなく科学の方法であり、これに基づく論の展開は、すなわち科学的ということになり、合理的な考えをする人にとっては歓迎される展開法です。

　　この因果関係論的展開というのは、原因一結果の関係に基づいて話すことです。つまり、因果を踏まえた話し方をするということです。具体的には、「○○なので（因）、××である（果）」という話し方をすることです。この因果関係で話す場合、因と果の結びつきが、受講者にとってわかりやすいものでないと理解できません。そこで、因果関係で話そうと思うときは、因果関係がほんとうに明確なのか、短絡的でないかどうかをよく検討することが大切です。

■F. 講義は3部構成で

一般に講義は、①導入（イントロダクション）、②本論の展開、③結び（エンディング）の3部から構成されます。これをまずよく知ることが必要です。

・導入（イントロダクション）

導入というのは、講義、説明の冒頭の部分です。講義、説明では、いきなり本論、本題にはいるということはありません。必ず導入の話をしてから、本論、本題にはいっています。受講者にとっては、講師の導入の仕方によって、講師に対する印象がほぼ決まってしまうため大変重要です。

・本論の展開

講義、説明のハイライトは、何といっても本論の展開です。つまり、講師が、テーマについて、どのような話をするのか、どのような論理を展開するのかが最大の関心事です。したがって講師は、この本論の展開をどうするかに、最大のテーマがあるといえます。とくに、論理の展開の仕方がポイントです。

・結び（エンディング）

講義、説明は、本論、本題の話をもって終わるということは、ほとんどありません。最後には、必ず結びの言葉によって、受講者と別れることになります。講師

が、最後にどのような結びの言葉を言ったかということは、受講者の記憶に強く
残るものです。

G. 導入（イントロダクション）の5つのねらい

講義の、説明の冒頭の部分を「導入（イントロダクション）」といいますが、こ
の導入は想像以上に重要であることを知らなければなりません。導入がよくない
と、その後の本論の展開に興味を感じなくなり、受講者が積極的に聞いてくれな
いことがよくあります。

1）自分を知ってもらうため
　　自分を知ってもらうため導入部分で、講師が自己紹介をします。受講者が自
　　分のことをよく知っている場合には、自己紹介は必要としませんが、初めて
　　の場合には、自分を知ってもらうために自己紹介をします。

2）講義の目的を知ってもらうため
　　導入の重要性について、講義の目的を受講者に知ってもらうためです。何ら
　　かの目的、狙いがあって行われるのですから、講義の冒頭で、その目的、狙
　　いを話して、受講者に理解してもらう必要があります。

3）講義の全体像を与えるため
　　講義、説明を聞く受講者は、どういうことを学ぶのかを知りたいという気持
　　ちが強いといえます。そこで、導入部分で、講義の全体像を示すことが必要
　　になります。全体像が明らかになると、受講者は安心して、その後の講義を
　　聞くことができるからです。

4）進め方を知らせるため
　　受講者にとって知りたいことの1つは、タイム・スケジュールがどうなって
　　いるのか、とりわけ休憩時間がどうなっているのかを知りたいものです。
　　そこで、講義の進め方に触れるようにします。

5）学習の雰囲気づくりのため
　　受講者は緊張して研修に参加します。その緊張感を和らげることが必要です。
　　つまり、リラックスした雰囲気のなかで指導、教育を行うためのムードづく

りを導入部分で行うということが大切です。

H. 本論の展開の９つのポイント

１）親切ていねいに話す

　　受講者第一主義に立脚した話し方として、まず最初に挙げなければならない
　のが「親切ていねいに話す」ことです。このことを強く意識しないと、ぞん
　ざいな口のきき方になったり、上から目線で高圧的、威圧的な話し方になっ
　てしまうものです。そこで、講義のたびに、「親切ていねいに話す」と心に
　決めて臨むことが大切です。

２）正確に話す

　　講師は、教育内容について正確な知識、情報を収集してそれに基づいて話す
　ようにすると同時に、講義の中で不正確なこと、間違ったことを話さないこ
　とです。正確さに自信がない場合には、その旨を断って話すようにすべきで
　す。さもないと受講者から不信感を持たれる可能性があります。

３）たとえ話を多くする

　　講義、インストラクションで陥りやすい欠陥は、抽象論、観念論に終始して
　しまうことです。講師としては、受講生に対して、高いレベルの話をしよう、
　より高尚な話をしようという気持ちが強く働いて、どうしても抽象論、観念
　論が多くなってしまいます。

　　こうした抽象論、観念論は、受講者に嫌われるところとなります。これを避
　けるには、具体論を話すことです。具体論のなかでも歓迎されるのは「たと
　え話」です。「たとえ話」は「たとえば…」といって具体的なやり方、方法
　を話すため受講者は、具体的なイメージを描き、理解しやすくなります。

４）実話、実例を入れる

　　抽象論、観念論を回避するために、実話、実例を入れて話すことが効果的で
　す。すなわち、受講者が知っている実話、実例を持ち出して話すと、受講者
　は、具体的なイメージを頭に描くことができより深く理解することができま
　す。

5）格言、故事を持ち出す

　くどくどと説明するよりも、みんなが知っている格言、ことわざを1つ引き合いに出しただけで、受講者が理解してくれるというケースがあります。格言、ことわざは、よく知られているだけに、それを聞いた人は、よく理解できるというわけです。

6）数字や統計データを示す

　講師、インストラクターは、説得力のある話をしなければなりません。説得力のある話というのは、話のなかに数字、統計データをつかうといい。つまり、「かなり」とか「大多数」という暖味な話をするよりも、「約80％」とか「90％」といったほうが、聞き手は納得できるものです。

7）重要事項は強調する、繰り返す

　講義では、ぜひ覚えてほしい重要事項というのがあります。覚えてほしい重要事項については、それなりのアクセントをつけた話し方をします。

　そのための第1の方法は、重要事項の説明の差異に、やや声を大きくして話すということである。第2は、1度ではなく、2度3度とその重要事項を繰り返して話すことです。繰り返すことによって受講者は記憶を強化することができます。第3は、重要事項をボードに書くことです。つまり、黒板や白板に書いて説明すると、受講者もそれが重要事項であると認識するからです。

8）情熱をもって話す

　講師が、テキストや参考書に目線をおろしたまま、小さな声でボソボソと話すことぐらい、受講者の学習意欲をそぐものはありません。逆に、講師が、受講者に視線を向け、何も見ないで、熱っぽく話すとその話に引き込まれていくものです。講師の態度として、情熱をもって話すことの大切さをよく理解しなければなりません。

　そこで、講師としては、ここぞと思うところでは、情熱を込めて話すことです。身振り、手振りを多少オーバーにつかって、情熱が受講者の目に見えるくらい一所懸命に語りかけることです。

9）時にはユーモアを交えて話す

　難しい話、堅苦しい話ばかりを聞かされた受講者は、おもしろくなく緊張感が続き、ストレスが高まってしまいます。そこでユーモア、冗談を言って緊

張感を解きほどくことが大切です。

Ⅱ. 結び講義のクロージング・エンディング）の方法

講義の3部構成のうちの最後は、「結び（講義のクロージング・エンディング）」
です。
1)「結び」が重要
　　第1は、「結び」は、講義を要約することによって、講義内容を再度確認す
　　るためです。とくに、長時間にわたる講義の場合には、サマリー（要約）を
　　話すことは、受講者にとってまとめることができ、理解しやすくなります。
　　第2は、研修終了後の学習の意欲づけをするためです。
　　第3は、感謝を表すためです。「結び」のなかで、講義を聞いてくれたこと
　　に対して、感謝の気持ちを表すことが大切です。

2）効果的な「結び」の仕方

・受講者に問いかけたり、質問を受ける
本論の展開が終わったら、「以上で予定した講義を終わりますが何か質問はあり
ますか？」あるいは「講義でわからなかったことはありませんか？」と尋ねてみ
ることです。質問があれば親切丁寧に答え、質問がない場合には受講者の誰かを
指名して、講義の感想や意見などを訊いてみることも大切です。

・骨子、大要を繰り返す
導入部分では、これから何について学習するのか、その目的、大要を話して受講
者に対して学習の方向づけをしましたが、講義のクロージング・エンディングに
あたって、講義の目的、大要の繰り返しをすることは、学習したことを再確認さ
せることができます。

・重要項目を再度指摘する
本論の展開のなかで、「重要事項を強調する」ことの必要性を指摘したのですか
ら、同じことを、結びで行うことの必要性・重要性を訴え、ぜひ覚えてほしい重
要事項については、何度も指摘しましょう。

・さらに深い知識の習得法を教える

教育、研修のなかで、必要とされる知識、技術、態度のすべてを教えることは不可能です。通常の教育、研修では、より基本的なものに限って教え、あとは受講者本人の自己啓発に任せるというのが圧倒的に多いため、自己啓発の方向づけを行うことが重要です。具体的な方法としては、参考書の紹介などです。

・感謝の気持ちを表す

結びの最後は、感謝の気持ちで締めくくります。何しろ、何時間も、場合によっては何日間も、自分の話を聞いてくれたのですから、感謝の気持ちを表わすのは講師として当然のことです。心から感謝の気持ちを表わすことで、それまであまり好意的でなかった受講者も、最後になって講師に好意を示してくれて、以後の学習への動機付けになります。

J. 知識教育方法

まず重要なことは、「知識とは何か」について、自分なりの見方、考え方をしっかりもっていることです。「知識」という言葉は、あまりにも日常的によく使う言葉ですが、「知識とは何か」と聞かれたら、きちんと答えられるでしょうか。知識は「知っていること」あるいは「知っている内容、事柄」という意味です。最近では、「知識は情報とほぼ同じである」という解釈もあります。

1. 知識を与える

「知識の教え方」といった場合、それは「知識の与え方」とほぼ同じことです。そのため、知識教育においては「いかに知識を与えるか」ということが中心の課題であり、講師・インストラクターは、その方法論を知り、手法を身につけることが重要です。

なぜ「知識を与えること」が教育・指導の中心となったかは、「仕事ができないのは知らないからだ」すなわち「仕事がうまくできないのは、その仕事に関する知識を十分もっていないから」であり、知識を与えることが先決であるという考え方にたったからです。このため、教育といえば知識を与えることと同義とされ、知識教育が盛んに行われるようになったのです。

2. 知識を与える方法

1）論理的、体系的に構成して教える

　　知識は、何の脈略画関連性もなく、個々バラバラに教えられてもよく理解で
　　きません。このため、教えるにあたっては、論理的、体系的に教えることが
　　必要です。本書では、この点に関しては、「論理の組み立て」について、と
　　くに論理の構成の仕方、知識の体系化について、先述してきましたので参考
　　にしてください。

2）受講者に適した論理の展開法を学ぶ

　　論理の展開法には、演鐸法、三段論法、帰納法、弁証法、因果関係論などが
　　あります。これらの論理の展開法の選択基準には、大きく２つあります。１
　　つは、教える内容から最適の展開法を選ぶというやり方であり、いま１つは
　　受講対象者を考えて選ぶというものです。
　　受講者第一主義に立つ場合であれば、後者の「受講対象者を考えて選ぶ」を
　　とるべきです。具体的には、たとえば、中高年層が対象であれば演鐸法を選
　　んで論理の展開を行うということです。逆に、若年層が対象の場合には、帰
　　納法を選んで講義するということです。

3）体論を中心に話す

　　組織における指導、教育の最大の目的は、仕事ができる人材を育てることで
　　す。いってみれば、職務遂行能力を向上させ、それを仕事の場でフルに発揮
　　させることが最大の目的、狙いです。

4）ステップ・パイ・ステップで教える

　　知識は、低いレベルのものから、非常に高いレベルのものまであります。こ
　　のように高低の差がある知識について、荒っぽいステップで教えられると、
　　受講者は理解できません。ましてや記憶することもできません。受講者が理
　　解しやすいようにするためには、高低差が大きい知識を小さなステップに分
　　け、その小さなステップを確実に踏んで登るというステップ・パイ・ステッ
　　プで教えることがポイントです。受講者にしてみれば、低いレベルの知識か
　　ら高いレベルの知識まで、小さく区切られたステップを少しずつ、ていねい
　　に教えられると、その内容をよく理解できます。したがって、高度な知識（教
　　育項目）を教える場合には、多くの階段（ステップ）に分けて教えることが

重要です。

5）キーワードを押えて教える

　　どんなに優れた記憶力の持ち主であっても、教えられたことのすべてを覚えることは不可能です。記憶できるのは、重要なもの、すなわちキーワードに限られます。そうであるならば、講師は、キーワードをきちんと押えて指導、教育を行う必要があります。

　　そのキーワードがなぜ重要なのか、なぜ記憶しなければならないのか、その理由、根拠を明確にするということです。

6）新しい知識、情報を提供する

　　現代は、変化の時代であり、変化は、知識にも及びます。すなわち、次から次へと新しい知識が生まれています。このため、知識の陳腐化が、ものすごいスピードで進行しているといえます。例えばIT関係分野においては、知識の陳腐化のスピードが早く、すぐに古い知識が役立たなくなっています。このような状況を考えると、講師は、受講者に対して、つねに新しい知識、情報を提供していかないと、受講者を満足させることはできません。受講者を満足させる新しい地域、情報を提供するためには、当然のことながら、その新しい知識、情報を身につけなければなりません。つまり、講師は、つねに新しい知識、情報を得るための勉強をしなければならないのです。

3. 知識を引き出す方法

1）よい誘い水、ヒントを与える

　　受講者がもっている知識（情報）を引き出すといった場合、そのための最良の方法は、受講者に対して良い質問をすることです。つまり、質問に答えさせるという方法で、受講者の知識を引き出すというわけです。

　　質問の仕方としては、誘い水、ヒントを与えるという間接的な問いかけをするのがベターです。つまり、ソフトタッチの質問の仕方をするということです。良い返答を引き出し、知識の引き出しに成功することができます。

2）関連した質問をする

　　1つのことを質問して、受講者が答えたら、その答えに関連して別の質問を行うとよい。関連した質問を連発していくと、知識をイモづる式に引き出す

ことができるからです。

3）回答はただちに評価し、フィードバックする
　　質問に対して答えが返ってきたら、その答えについて、正しいのか正しくないのか、あるいは本質的なものであるかどうか、などについて瞬時に評価しフィードバックするとよいでしょう。
　　フィードバックの際、正しいもの、本質をついたものに対しては褒めることです。逆に、間違っているもの、本質からはずれているものについては、なぜ間違っているのか、どうして本質からはずれていると判断したのか、その理由、根拠をきちんと説明することです。こうした説明が十分にされると、受講者は、自分がどうしなければならないのかについて理解することができます。

4）受講者が知らない場合でも決してばかにしない
　　質問に対して答えられない受講者の扱いをどうするかは、極めて重要なことです。質問したことが常識的なこと、基本的なことである場合には、講師の中には「常識の問題である」とか「基本もわかっていない」などと受講者を冷たくあしらう人がいます。講師にしてみれば、決して受講者に恥をかかせたという意識はないのでしょうが、そう言われた受講者は「みんなの前で恥をかかされた」という意識を持ちます。こうした意識をもった受講者、自尊心が傷つけられたということで講師を恨み、学習意欲をなくしていくのは必定です。講師たる者は、受講者の、こうした心理をよく考え、ちょっとした言葉遣いにも注意したいものです。

5）課題を与えて文章で答えさせる
　　これまでは、質問に対して口頭で答えるという知識の引き出し方について説明しましたが、知識を引き出す方法として、そのほかに課題を与え、それを文章で答えさせるというやり方もあります。
　　文章を書くということは、自分がもっている知識を駆使して書くわけですから、書いたものをみることによって、その人の知識の程度がよくわかります。書かれた文章を読んだら、いうまでもなくすぐ評価します。評価したら、ただちにフィードバックします。文章の評価、チェックに当たっては、受講者が書いたものを赤ペンで添削したり、あるいは余白にコメントを書くようにします。このようにすれば、受講者は、自分が書いたもののどこが良いのか、

どこが悪いのか一目でわかります。

6）知識を引き出す教育技法をつかう

　　ブレーンストーミング法は、「アイデア開発会議」と訳されるように、この技法を用いると、受講者のアイデア（知識や着想）を引き出すことができます。

　　このブレーンストーミング法は、テーマについて、アイデアを出せというだけのことで、あとは一切面倒なことはありません。メンバーが互いに刺激しあって、アイデアを出すだけです。つまり、メンバー間の相互啓発に大いにプラスになる技法なのです。

4. 知識を覚えさせる方法

1）覚える目的、狙いを説明する

　　講義中に「これは、ぜひ覚えてください」というのだが、なぜ覚えなければならないのか、その理由、根拠をまったく説明しない講師が見受けられます。人間は、「なぜ」というのが理解できないと、行動を起こせないことが多いのです。逆に、「なぜ、そうするのか」が明確にされると、納得してすぐ行動に出るものです。このことは、何かを覚える、記憶する場合にもあてはまります。つまり、なぜ覚えなければならないのか、どうして記憶しなければならないのかが理解できれば、覚える努力、行動する努力をするということです。したがって、講師は、覚えてもらいたいことについては、それを覚える目的、狙い、あるいはメリットなどを、受講者が理解できるように、やさしく説明することが重要です。

2）記憶のメカニズムについて知る

　　人間は、どのようにして物事を記憶するのか、そのメカニズムを知り、そのうえで教えていくようにするとよい。人間の記憶は、まず小脳の近くにある海馬で短期記憶をするといいます。中高生の大多数は、試験の前日にテキスト、ノートなどをみてテストに臨みます。そして、テストが終わると、勉強したことのほとんどを忘却してしまう、これが短期記憶です。海馬の短期記憶は、大脳皮質の記憶野に送られ、そこで長期記憶になる仕組みになっています。そのためには、反復学習を行って、いわゆる記憶の強化を図ることが必要だと言われます。こうした記憶のメカニズムを知ったうえで教えるよう

にすると、受講者も助かるというものです。

3）何を覚えるべきかを明らかにする

前述のように、人間は、教わったものをすべて記憶することはできません。このため、講師としては、是非覚えてほしいものについて「これは、ぜひ覚えてほしい」とその理由を言ったうえで強調するとよい。受講者は、覚えるべきものが指示されると、それに集中して覚える努力ができます。

しかし、記憶のなかには、単純に「覚えるべきもの」と「覚えなくてもよいもの」と分けられないものもあります。このようなものについては、覚える重要度を示すとよい。つまり、覚えるべき知識についてランクづけをして、それを受講者に示すということです。たとえば、5段階にして「覚える重要度3」などと受講者に告げるということです。

4）集中して聴くように促す

記憶は、先述したように、まず海馬で短期記憶をするわけですから、短期記憶がしやすいように受講者に働きかけを行わなければなりません。そのための最良の方法は、覚えるべきものを集中して聴いたり、読んだりすることです。したがって、講師は、ぜひ覚えてほしい知識、事柄があったら、「これから覚えてほしい大事な事柄について話すので、神経を集中して聴くように…」と指示します。こうすれば、受講者は、雑念を捨てて、神経を集中させて、講義を聴くようになります。この際、講師は、受講者が傾聴する姿勢を確認してから、通常よりも、やや声を大きくし、ゆっくりと話すようにします。そして、特に重要なものは、はっきり読める字で板書することです。

5）反復学習の必要性を訴える

海馬の短期記憶を大脳皮質の記憶野で長期記憶にさせるためには何度も何度も繰り返して覚える努力をすることです。別の表現をすれば、反復学習を行うということです。そして、これはまた復習することでもあります。受講者に反復学習や復習をさせるには、まずその必要性、重要性をアピールすることです。つまり、反復学習や復習が、記憶にとって、いかに重要であるのか、記憶のメカニズムに関連づけて説明することです。このあと、引き続いて、具体的にどうするかを話します。たとえば、キーワードを体系化してチャートをつくり、左脳だけではなく右脳をつかった勉強法などを紹介するのです。できれば、自分で行っていることを話すと説得力あるものになります。

6）最後にテストを行う

　受講者に知識を覚えさせる方法として、テストを実施することも有効である
といえます。テストを行えば、どれくらい覚えているかについて、簡単に知
ることができます。テストの結果は、できるだけ早く採点して、受講者に返
すようにします。受講者は、テストの結果をみて、自分の記憶度を確かめる
ことができます。また、記憶ができていなかったために、答えられなかった
り、間違った部分については、しっかり覚えるように反復学習、復習に真剣
に取り組んでいくはずです。

5．知識を活用させる方法

1）知識の活用とは何かをまず説く

　まず留意すべきことは、知識の活用とはどういうことかを説明することです。
すなわち、知識の活用といっても、きわめて暖昧なのでその意味を明確に示
すということです。とくに、経験の浅い若い人は、よく理解できない人が多
いと思われますから、よく説明することが重要です。

　知識の活用というのは、知識を活かして仕事をするという意味ですが、これ
だけでは漠としていてわかりません。そこで、具体的な例を挙げて説明しま
す。たとえば、セールスマンであれば、セールスに関する知識を、実際のセー
ルス活動にどう活用するかを話すということです。この際、キーワードとな
る知識（項目）が実際にどう役立っているかを指摘すると効果的です。

2）仕事のどの部分に活かすかを説明する

　仕事には手順というものがあります。つまり、仕事を進めるには、きちんと
したステップがあり、そのステップを踏んで仕事をしていくわけですが、教
わる知識が、そのステップに必要とされているのか、その面からの説明がな
いと、受講者は理解できません。とくに、仕事に即したものを中心に教える
際は、このことが重要です。換言すれば、仕事の手順、プロセスのなかの、
どの部分にどのような知識が必要なのかを、きちんと教えないと、受講者は
理解もできないし、記憶することもできません。このような事柄に関するも
のを教える場合には、仕事の各ステップに、どういう知識が必要とされるか
を書いたチャートをつくり、そのチャートに基づいて教えていくようにする
とよいでしょう。

3）知識がないと仕事ができないケースを挙げる

「○×の知識があると、△□の仕事ができる」といった具合に、肯定的ある
いはポジティブに説明して、知識を仕事に活かすことの大切さをアピールす
ると良い。これとはまったく逆に「これこれの知識がないから、しかじかの
仕事ができない」と否定的あるいはネガティブに説明するアプローチもあり
ます。いずれをとるかは、相手の性格などを考慮しなければなりませんが、
とにかく知識がないと仕事ができない具体的な例を挙げて説明することが肝
心です。しかも、具体例は、受講者の身近なものであれば、なおよいといえ
ます。また、講師が、自分の体験を話すのもよい。体験談は、話がきわめて
具体的であり真実性があり、他のアプローチよりも説得力があるといってよ
い。

4）仕事ができる人とできない人との違いを知識面から話す

知識を仕事に活かすことの必要性、あるいは活かす方法を教える方法の１つ
として、仕事ができる人とできない人とを対比して、知識の有無、知識量の
大小など、知識の面から分析して説明するというのも、きわめて説得力のあ
るアプローチです。

5）自分なりの活かし方を工夫させる

知識を仕事にどう活かしていくかについては、未熟な若い人に対しては、細
かく教えていくことが必要ですが、それも最初のうちだけで、あとは自分で
活かし方を自分で工夫することの必要性、重要性を訴えて納得させることが
大切です。人間は他人から言われたとおりにやるのは最初のうちだけであり、
やがて自分の考えでしてみたいとか自分の創造性を発揮したいといった高次
の欲求が目覚めてきて、その充足を図ろうとするのが一般的であることを強
調します。こうした説明のあと、講師が、自分はどのように工夫したのか、
自分のやり方を紹介すること、受講者はより理解できるといえます。

6）互いに知恵を出し合う討議を行わせる

知識を活用させる方法を教えるというと、どうしても講師やインストラク
ターが、説得することだと決めつけて、そのアプローチだけを受け取ってし
まいがちです。しかし、こうした固定的なやり方は、やがてマンネリ化して、
受講者を説得できないという事態を招きます。そこで、他のアプローチをい
ろいろと考えてみることです。

そのための最良の方法が、受講者を何人かのグループに分けて、「知識を仕事にどう活かすか」というテーマで、グループ討議を行わせ、その結果を発表させることです。グループ討議を行わせると、受j.講者は、互いに知恵を出し合い、良い考え、意見を選んで結論をだしてくるので、その結果は想像以上に大きいといえます。

K. 技術教育方法

1.「技術教育」とは何か

まず「技術とは何か」という、きわめて基本的なことから考えてみましょう。一般に「技術」というのは「科学技術」と言われるように諸科学の原理・原則を実際に応用する具体的な手法、やり方という意味でつかわれることが多い。しかし、教育、研修でいう「技術」には、こうした意味とはニュアンスが異なります。すなわち、「知識、技術、態度」といった場合の「技術」は「知識を有効に活用して仕事をするノウハウ（方法、やり方）」という意味に解されています。この場合は「科学技術」の「技術」とは明らかに異なるといえます。端的にいえば、教育、研修でいう「技術」は「てわざ」とか「うでまえ」といったほうが理解しやすいかもしれません。

2.「技術」と「技能」に分けて理解する

さきほど、「技術」は「てわざ」とか「うでまえ」といったほうがよいと述べたのですが、この意味だと「技術」は「技能」という言葉と同義ということになるわけです。果たしてそれでよいのでしょうか。結論からいえば、「技術」と「技能」は似ているが、違いのほうが大きいといってよいでしょう。「技術」とは、確かに「てわざ」「うでまえ」という意味ですが、それは、ホワイトカラーの人たちに対して使う言葉です。頭脳労働者が、「知識を有効に活用して仕事をするノウハウ」のことを「技術」と呼んでいるのです。

これに対して、「技能」も確かに「てわざ」「うでまえ」のことですが、これは、生産現場の生産要員の「てわざ」「うでまえ」に限定して用いられています。この違いをよく理解すべきです。

3. 知識と技術の関連性をよく教える

「技術」と「技能」のうち「技能」については、特別の訓練施設を設けて、別メ

ニューで訓練することが多い。そこで、ここでは、「技術」すなわち「事務部門の"てわざ""うでまえ"」に限定して検討することにしたい。その「技術」は「知識」と密接に関係しています。

すなわち、「技術」は、知識（その多くは、理論や理屈あるいは原理、原則）があって始めて成り立つものです。だから「技術」の定義が「知識を有効に活用して仕事をするノウハウ」となっているのです。したがって、「技術」について教える場合とは、それを関連する「知識」は何なのか、つまり関連の原理・原則あるいは理論・理屈をよく教えるということです。

4. 体験、体得が中心であることを訴える

「技術」が「仕事をするノウハウ」であるとか「てわざ」あるいは「うでまえ」ということであれば、それは口頭では教えられないものであることは明白です。もちろん、「技術」を身につける際の留意点は、いろいろと口頭で説明できますが、「技術」そのものは話だけではマスターさせることができません。

「技術」のマスターは、あくまで本人の体験を通して体得していくものです。すなわち、『技術』は「身で覚えるもの」なのです。このため、講師は、教えようとする「技術」について、体験することの必要性、重要性をよく説明し、受講者を納得させなければなりません。とにかく、「技術」の習得は、体験、体得が中心であることを強調することです。

5. スポーツでいうコーチ役であることを自認する

技術教育に携わる講師、インストラクターあるいはトレーナーはたとえていえばスポーツのコーチ役であるといえます。たとえば、野球でいえば、監督のほかにピッチング・コーチ、打撃コーチ、走塁コーチなど、それぞれの専門ごとにコーチがいて、それぞれ技術的な側面からアドバイスを行っています。このような専門的、技術的なアドバイスを受けて、野球選手は「うで」を、磨いていくのです。技術教育を行う講師たちも、この野球のコーチたちと同じようにその分野における専門的、技術的な側面からアドバイスを行って、受講者の「仕事のうで」を磨いていくという役割を担っているのです。したがって、自分はコーチ役であると強く自認して、指導に当たるようにすることです。

6. 基本動作の重要性を強調する

「技術」は「仕事をするノウハウ」であり、また「仕事のうで」であるから、必ずといってよいほど行動、動作をともなうものです。その行動、動作については、

いろいろな分類が可能ですが、ごく一般的には、基本と応用に分類できます。集合教育に技術教育とする場合には、そのほとんどが基本動作を中心にした指導、教育です。しかし、受講者のなかには習った基本動作を忘れて、自己流の応用動作で仕事をすることが多く、そのためミス、失敗をするケースも少なくありません。このため、講師は、研修で習った基本動作の大切さ、重要性を強く訴えます。そして、応用動作は基本動作の延長線にあること強調することが大切です。

7. 実技法（実習法）による指導
技術教育には、いくつかの有効な訓練技法があります。そのなかでも実技法（実習法）は、よく使われる代表的な訓練技法です。この技法は、集合教育において、知識教育を施したあと、あるいはその途中で実際に体験させるという指導法であり、実務に即したやり方であるために、学習効果もきわめて高いといえます。そこで、この実技法を用いて指導する際の留意点について以下で、いろいろと検討してみることにしましょう。

1）実技法（実習法）とは何か
　　実技法は、文字どおり「実際に仕事を行わせて必要な技術をマスターさせる技法」です。また、実技法は、実習法とも呼ばれますが、これは『実際に体験させて習得させる技法」という意味です。実技法は、与える仕事によって、その具体的なやり方が異なるのは、いうまでもありません。その仕事が簡単なものであれば、実技法も、そのやり方は簡単であり、時間も短い。しかし、仕事が複雑なプロセスから成り立っていて、高度なテクニックを要するものであれば当然のことながら、実技も複雑、高度なものとなり、また長時間を要することになります。換言すれば、実技法というのは、体験を通じて技術を体得させることは共通しているのですが、やり方、所要時間はそれぞれ異なるということです。

2）やり方をよく説明する
　　実技・実習をやらせる前に、やり方について、よく説明することが必要です。やり方というのは、いうまでもなく仕事をするプロセス（手順）のことであり、これについて、わかりやすく説明するということです。その説明にあたっては、まず全体ではいくつのステップになっているのか、その全体像を示します。そして、そのあと各ステップについて、具体的な進め方、やり方を話すようにします。

プロセス、手順が複雑な場合には、単に口頭で説明しても、受講者は理解できないだろうし、教えられたことを記憶することもできないと思います。そこで、このような場合には、事前にプロセス、手順を書いたチャートを用意し、そのチャートに基づいて、ていねいに説明すると同時に、受講者にメモをとらせるようにします。

3）やらせる

　仕事のプロセス、手順について、ひととおりの説明が終わったらすぐ実技、実習に入っていく。その実技、実習が簡単なものであれば、受講者も、比較的気楽に実技、実習に入っていくことができますが、やり方が複雑、多様である場合には、「うまくできるだろうか？」という不安が頭をかすめて、実技、実習を尻込みする者もいるに違いありません。このような場合には、「失敗してもよいから、とにかく思い切ってやりなさい」などと激励の言葉をかける。そう言われると、受講者も心理的不安が解消されて、挑戦してみようという気持ちになるものです。とにかく、不安がる受講者を励して、"やらせる"ことが重要です。

4）うまくやったら褒める

　「うまくいくだろうか？」という不安心理のまま、実技・実習に入った受講者が、思った以上にうまくやった場合には、嬉しいはずです。まして、指導してくれる講師から褒められると、うれしさも何倍にもなるはずです。そこで、受講者がうまくやったら、必ず褒めるようにします。褒める場合、実技・実習を行った当の受講者自身も、「確かにうまくいった」と思ったものについて褒められるのであれば、納得がいき素直に喜びます。しかし、うまくいったかどうか自分で分からない場合には、「どこが、うまくいったのか」わかりません。このため、講師は、うまくいった点を指摘したうえで褒めるようにしなければなりません。

5）悪い点はきちんと指摘して改めさせる

　実技、実習を行わせた場合、受講者がうまくできず、ミス、失敗をするケースも多いです。受講者がミス、失敗した場合、講師は、どのような態度をとるかによって、真価が問われるといっても過言ではありません。昔は「愛のムチ」ということで、受講者がミス、失敗すると、叱ったり、どなったりしたものです。しかし、最近では、それが受講者のプライドを傷つけ、学習意

欲をそぐということで、あまり叱ったり怒ったりしません。叱るかわりに、どこが悪かったのか、ミス、失敗の原因は何かを指摘して、それを改めさせるという話し方、対応の仕方がよいとされるので、こうした方向で指導を行うようにします。

6）新しい技術を習得して教える

講師、インストラクターが、情熱を込めて一所懸命に教えてくれたのはよいのだが、その中身が古くて仕事に役立たなかったという例は決して少なくありません。昨今のように、技術革新が著しい時代にあっては、知識もさることながら知識の陳腐化も、早いスピードで進んでいると思わなければなりません。そこで、講師、インストラクターは、教えようとしている分野では、どのような変化、とりわけ技術の変化がないかについて、フルにアンテナを働かせて、情報を収集することです。そして、技術面で新しい動き、変化があったことを知ったら、単にその技術を身につけることを考えずに、それを教えることを意識してマスターすることです。

8. 相互点検法による指導

通常の指導、教育は、講師が受講者に教えるというスタイルをとりますが、受講者同士が、知識や技術の習得の状態を互いにチェックしながら進めるというやり方があります。

1）相互点検法とは何か

相互点検法は、受講者が身につけるべき技術、技能の習得にあたって、受講者同士が互いに進め方や進歩の具合についてチェックし合い、良い点は伸ばし、悪い点は改めていくという訓練技法のことです。この技法は、受講者が多い場合に適した技法です。すなわち、受講者が多い場合には、訓練の時間が十分であればいいが、そうでないときは、受講者すべてに実技・実習を行わせ、講師がいちいち個別に指導することができません。そこで、ペアあるいはグループをつくり、ペア単位、グループ単位で実技、実習を行わせ、相互チェックをさせようという目的で開発されたのが、この相互点検法なのです。

2）進め方をよく説明する

相互点検法は、受講者自身に複数で行わせるのですから、その進め方、やり

方をよく説明しないと、受講者は何をやってよいのかわかりません。このため、講師は、この技法を採用する際は、事前に指導マニュアルを作成して、それに基づいて説明することが大切です。指導マニュアルには、①相互点検法とは何か、②相互点検法の進め方、③点検（チェック）項目とその評価法、④相互評価のミーティングの行い方、⑤相互点検法を行う際の留意点、などを盛り込むとよいだろう。このような内容を盛り込んだ指導マニュアルは当然のことながら受講者に手渡して研修後も活用させます。

3）チェックと評価の仕方をよく教える

　上記のように指導マニュアルを作成した場合の陥りやすい欠陥は「マニュアルを読めばわかる」といって、講師は、掘り下げた説明をしないということです。もちろん、読めば分かるところもありますが、書いてあることだけでは十分理解できず説明を聞きたいと思う受講者も多いはずです。とくに、点検（チェック）と評価の仕方については、受講者の多くは、その経験がないために、よく理解できないといってよいでしょう。そこで、講師としては、どのようにチェックするのか、チェックした項目について、どのように評価するのかをわかりやすく説明しなければなりません。できれば、この部分について事例研究や実例研究を行うなどのキメ細やかな指導を行うべきです。

4）チェックと評価用のフォーマットを作成する

　受講者同士でチェックと評価をきちんと行わせるために、それ専用のフォーマットを作成するとよいでしょう。たとえば、次ページの「相互点検評価表」といったフォーマットをつくっておき、チェック項目について、評点を行わせるのです。この場合、講師は、チェック項目にはどういうものがあるのか、きちんと受講者に告げて、記入させます。もし、まったく同じものを実技、実習させるのであれば、チェック項目は前もって記入しておきます。また、評点の付け方についても、10点法とか5点法とか決めておき、きちんと評点できるように事前によく説明する必要があります。

5）総合的なコメントを行う

　受講者がペアで、あるいはグループで実技・実習を行っているあいだ、講師は、それぞれのペア、グループの実技、実習を見てまわり、気づいた点があったら、忠告、助言をするが、それだけにとどまってはなりません。全員の実技、実習が終わったら、ペアあるいはグループごとに発表させ、その発表を

受けて、講師は、総合的、全体的なコメントをしなければなりません。その際、とくにうまくいったペア、グループを紹介し、みんなの前で褒めます。褒められたペア、グループは、プライドが高まり、その後、意欲的になるにちがいありません。

9. 行動観察法による指導

講師、インストラクターが、仕事の進め方について、微に入り細をうがつという、よりキメ細やかな指導、教育がある一方で、講師やインストラクターはあまり説明せず、仕事の進め方、やり方を受講者自身の判断に任せ、その仕事振りを観察して、良い点は伸ばし悪い点は改めさせるという方法もあります。

1）行動観察法とは何か

　　行動観察法というのは、受講者に対して、ある仕事をするよう指示し、受講者が仕事をする行動を観察して、その良いところ、悪いところをチェックしていき、あとで適切に指導するという訓練技法です。この技法は、OJT の技法として、よく利用されています。この技法の最大の特徴は、与える仕事については、あまり説明しないで、受講者自身の判断に任せるという点です。すなわち、受講者が、自分の判断で物事を決めていったり、あるいは仕事の進め方、やり方を決めて実行していくという技法なのです。この特徴からいえることは、いくつものステップから成り立っている複雑な仕事には適さない。比較的単純なステップの仕事をマスターさせるのに適した技法です。

2）きちんとしたフォーマットを作成する

　　行動観察法は、通常の集合教育では時間的な問題もあり、使うことが難しいといえます。しかし、何ヶ月にもわたって行う実習などでは、きわめて有効な技法です。また、前述のように、OJT の技法としても効果的です。先の「相互点検評価表」とほぼ同じものをつくり、とにかく、きちんとした様式のものを準備して、客観的・合理的に行動観察をするのだということを受講者に説明します。

3）観察の仕方、評点の仕方をよく説明する

　　行動観察法では、受講者の行動を観察するオブザーバーが必要になります。通常オブザーバーには、仲間の講師、トレーナーあるいは OJT 実施者に依頼します。これらのオブザーバーに対して、受講者の行動の観察の仕方、評

点の付け方などについて、よく説明します。オブザーバーにきちんと説明するためには、やはりそのためのマニュアルを作成するのが、最も良い方法です。そのマニュアルには、何を観察するのか、その着眼点は何か、また評点をどう付けるかなどについて、詳細に記述することです。そして、このマニュアルを手渡して、それに基づいて説明することです。

4）関係者が集まり判定を行う

行動観察は、通常、複数の人間で行います。というのも、一人の人間が観察し評価するとどうしてもその人の主観が入り、偏った評価になってしまう恐れがあるからです。何人かで評価すれば、その偏りが少なくなり、より客観的・公平に評価ができます。複数の人間で評価させた場合、観察にあたったオブザーバーなどの関係者を集めて判定会議を行います。判定会議では、それぞれの観察者が自分の観察結果や評点を発表したあと、総合調整を行い、総合調整をすれば、評価の客観性がより高まり、評価の対象となった受講者も、その評価に対して「適正である」と納得できます。

5）受講講者に評価結果を知らせる

総合調整を終わったらただちに受講者に対し、その評価結果を知らせます。その際、どういう点がよいのか、逆にどういうところが悪いのかについて具合的に指摘するようにします。とりわけ、よくない箇所については、なぜ悪いのか、どうして評価が低いか、つまりその理由、状態をより詳しく説明します。受講者のなかには、自分のやったことについての評価が低いのが納得できないという者もいるはずです。こうした人たちに応えるために、評価結果を報告する際には、必ず受講者からの質問を受けるようにします。受講者から出された質問に対しては、相手が納得できるように核心をついた答え方をすることが大切です。決してゴマかしたり、逆に相手にへつらったりしないことです。

6）悪い箇所を改善する方法を話す

評価結果を知らせる際には、受講者の悪い箇所を指摘することになります。評価の結果が悪いと告げるだけではいけません。その理由、根拠を話すのはいうまでもありませんが、そのなかでも悪い箇所をどう改めるべきか、その改善の方法について積極的に説明しなければなりません。改善の仕方について、それが比較的簡単なものであれば口頭での説明だけで十分ですが、改善

点が多く、しかも複雑な場合にはきちんと文書化して説明したほうがよいといえます。文書にして手渡すと、受講者は、職場に帰ってから、実務のなかで改善していく際に、大いに参考になり歓迎されるのは間違いありません。

10. ジョブ・チャレンジ法による指導

能力が向上し仕事にも慣れてくると、「もっと能力が発揮できる仕事をしてみたい」とか「創造性を活かしたい」などといった高次欲求が目覚めてきて、何か難しい仕事に挑戦してみたいという気持ちになります。このような心理状態にある者に対して訓練技法として最適なのが、ここで取りあげるジョブ・チャレンジ法です。

1）ジョブ・チャレンジ法とは何か

　ジョブ・チャレンジ法というのは、字句どおりジョブ（仕事）にチャレンジ（挑戦）させることによって、より高度の知識、技術などをマスターさせるという技法です。人間の能力は、目に見える顕在的能力と、目に見えない潜在的能力と、目に見えない潜在的能力とに分けることができますが、この2つのうち潜在的能力の開発に適しているのが、このジョブ・チャレンジ法です。すなわち、顕在的能力では多少ムリだと思われる仕事に挑戦させて、潜在的能力を引き出そうというのが、この技法の最大の狙いです。

2）20〜30％増の能力が要求される仕事を与える

　仕事にも挑戦させるといっても、あまり難しい仕事にチャレンジさせても効果は期待できません。といって難なくこなせる易しい仕事を与えても、学習効果はでてきません。このため、適当な難しさの仕事を与えなければなりません。しかし、この「適当」というのが、きわめて難しいものです。一般的にいって、チャレンジさせる仕事は、現在有している能力よりも、20〜30％増の能力が求められる仕事を与えるのがよいとされています。それ以上に難しい仕事を与えると、最初から挑戦意欲をなくしてしまう恐れがあるからです。逆に、それ以下の易しい仕事を与えた場合には、挑戦意欲など湧いてこないからです。

3）与えた仕事を果たした場合のメリットを強鯛する

　人によっては、難しい仕事を与えると、「自分には難しくてできない」と尻込みする人がいます。つまり、難しい仕事に挑戦するのに消極的な人、ある

いは不安を感じている人がいるのですが、こうした人たちに対しては、それなりの説得をすることが必要です。そのための説得法にはいろいろありますが、なかでも、その難しい仕事をやり遂げたら、どのようなメリット、利益があるかを指摘するのが、もっとも効果的です。なぜなら、人間は誰しも損得勘定で働くことが多く、自分にとって利益があると判断すると、多少の不安があっても、挑戦してみようという気になるからです。

4) 細かいことには口出ししないで任せる

ジョブ・チャレンジ法をとるとは指示しないようにすべきです。ジョブ・チャレンジ法の狙いは、自主的、自発的に仕事に取り組ませて、自分でいろいろと創意工夫して仕事を進めていくという自主管理、自主コントロールにあります。したがって、周囲の人があまり細かいことに口出しすると、当人は、自分の能力をきは、管理・監督者、あるいはトレーナーなどの指導に当たる人は、あまり細かいこと発揮したい、創造性を活かしたいといった高次欲求が充足されないので、欲求不満を抱くようになります。

5) 失敗からも学ばせる

難しい仕事に挑戦させ、それに成功すれば、当人は、成功報酬を味わうことによって大いに満足し、学習意欲も高められ、さらに自己を伸ばす努力をしていきます。また、仕事への意欲も強くなって、積極的に仕事に取り組んで生きます。しかし、失敗した場合には、全く逆の状況になる場合があります。つまり、失敗すると、学習意欲も仕事への意欲もなくなってしまう恐れがあります。そこで、指導に当たる人は、当人が失敗したときに、適切なフォローをしなければなりません。フォローの仕方は、当人の性格やその場の状況などを考えて決めることが大切です。

L. 教育技法の種類とポイント

1. 黙読マーク教育法

黙読マーク教育法とは、テキストや教科書など教育文献がある場合、まず黙読させ各自が重要と思う箇所をマーキングし、何が重要でなぜマーキングしたか、その理由を考えさせ、注意・注目させ、また発表させその後講師が十分なる説明を加え質問を受ける方法で、自律的・主体的に学ばせる効果があります。

2. 口読合わせ教育法

口読合わせ教育法とは、テキストや教科書など教育文献や資料がある場合、誰かを指名し大きな声で読み上げさせ、他者はよく聞きながら重要ポイントや質問ポイントを明確にさせる方法です。この方法には、読み手以外の人に目をつむらせ、耳で聞かせ、イメージを描かせ、重要ポイント、質問ポイントをメモをとらせ、後で発表させる方法と、読み手に合わせて各自が目で文章をおい、耳で聞きながら自分も読むため、耳と目の両方を使うため集中しやすく理解しやすくさせる効果があります。

3. ペアワーク教育法

２人１組でペアになり、自分が学んだことや気づいたこと、意見などを交換し、議論し合い理解を深める教育方法です。大人数でないため、お互いが真剣に考え取り組むことができ、学びに刺激をし合い相乗効果が期待できます。

4. グループワーク教育法

数名がグループを組み、リーダーを決め、学習テーマについてお互いが意見を考え、質問を出し合い議論したり行動したりし、多数の意見・知恵を共有し、考えや視野を広げるのに効果的な教育方法です。

5. ワークシップ教育法

数名がグループを組み、リーダーを決め、学習テーマについてお互いが役割分担（責任範囲）を明確にして、検討・議論し学習テーマに対する計画や実行方法を考え、結果を出し評価し合う方法で、各自の能力開発、責任意識、実行意欲の向上に効果があり、チームワークづくりマネジメントを教える良い方法です。

6. プレゼン教育法

研修参加者が学習テーマについて自ら学び、考え、まとめた結論についてまとめさせ、パソコンやその他のツールを使い、他者にむかって発表し、意見を求め説得する方法です。説得力、創造力、発表力、マナー力、表現力を開発するのに効果的な教育方法です。

Ⅳ. 人材育成プログラムの目的とねらい

～立体的・計画的な教育研修で社員を真のプロに育て上げましょう～

　社員教育を通じて社員一人ひとりの能力を高まれば、社員のスキルアップや能力向上を通じて生産性が向上し、より付加価値を生み、企業業績が伸びることから、社員への投資や教育の必要性の認識が深っています。また、社員教育によって経営哲学や価値観である企業理念・方針を社員が理解することは、その浸透によって社員が自社を理解し、一丸となって企業組織全体として同じ方向に進むためにも重要です。同時に、企業の理念や戦略を十分理解している人が、今後の戦略を全社的に共有したり、企業の方向性を考える場を設けたりして、企業の将来を考えられる社員を育成することが、さらなる効果につながります。

　しかしながらせっかく行っている教育研修ですが、実際どうなのだろう、なかなか効果があがっていないのでは、という声も聞かれます。確かに、社内、社外での実施にかかわらず、研修をすることが目的になり、"研修のための研修"になってしまっているケースが多々見受けられます。

　その原因として、一つには一般に行われている教育研修が、ひたすら既定の"理想"を追うものであり、現状の抱える課題や問題点はさておき、とりあえず一律の目標に向かって必要な知識やスキル、あるいは意識を教え込もうとするからです。能力開発や改善ができない原因が現実にあるにもかかわらず、そこに目を向けず教育目標を一方的に押しつけるだけでは効果は上がりません。

　もう一つあげられる原因は、学んだことが現場とかけ離れてしまっているのです。本書で示したモデルプログラムと実行シートは、実務や現場にまず目を向け、現状の棚卸し、現状の分析を徹底的に行うことを狙いとしています。基本的な流れとしては、現状抱える問題点、その原因となっている事由を表面化し、顕在化させることで、改善できない事由を潰していくというものです。つまり、改善の方向性や能力開発の方法を探っていく一方で、その阻害要因となり得る要因をあらゆる角度から検証し、その阻害要因を潰していくのです。

　以上は、社内における集合研修を基本とし、各シートも社内研修を中心として活用していくものですが、人材をより強力な"プロ"に育てていくには、さらに社外研修と実務現場研修（OJT）を連動させていく必要があります。すなわち、本書を活用して"人材をプロに育てる"ステップは、おおよそ次のようにまとめ

ることができます。

実務や現場の徹底分析として…

①　能力開発テーマや改善課題の共通認識か

②　能力開発や改善の方法論の検討と同時に、開発・改善の阻害要因を除去

③　社内研修、社外研修、実務現場指導の３つの教育場面を連動したプロ化教育

　企業における組織活動は、ますます複雑化し、立体的に問題が発生してきています。また、人材育成が企業成長のカギであり、人材育成力が企業の成長力とイコールになっている現在、教育や現場での課題改善は今後ますます重要な意味をもちます。

　一人ひとりの社員を真のプロに育て、組織全体の力を飛躍的に高めていくのに "研修のための研修" を断片的に続けても効果薄です。第二部の実践編では、様々なテーマの研修で実際に活用できるようシートを掲載しています。自社の実情に合わせてアレンジした上で活用し、立体的かつ計画的な研修を実施していくことをお勧めいたします。

＜ 15 の研修テーマ＞

１．経営理念

２．組織活性化

３．職務開発

４．業務マニュアル作成＆引き継ぎ

５．コミュニケーション力開発

６．問題解決力

７．全社的営業力開発

８．目標管理力開発

９．部下指導・育成力

10．部下評価育成

11．新入社員育成

12．中堅社員育成

13．管理者育成

14．情報システム人材育成

15．経営者育成　　etc

3 資本 & 資金調達コンサルティング手法

　企業経営が発展し持続していくためにはお金（資本・資金）が最も重要となります。いくらもうかっていても黒字倒産する場合もあります。それは資金繰り（キャッシュフロー）がうまくいかないのが原因です。

　中小企業のみならず大企業においても資本調達が経営を維持・発展させるために十分な検討と計画・準備が必要です。今日、資本・資金の調達とは色々な方法があり、十分な専門知識と経験がないと対策、対応が出来ないのが現状です。

　すなわちプロの資本・資金調達できる人材が必要です。中小企業診断士（経営コンサルタント）として最も企業から依頼されるコンサルティングと言えます。下記により、それぞれの資金・資本調達の種類と方法について具体的に解説します。

①社債発行コンサルティング

A. 社債とは

社債とは、一般の事業会社が発行する債券を指します。債券とは、発行体が投資家から資金提供を受ける代わりに満期までに利子を支払い、満期には元本を返済する有価証券のことです。

B. 社債の種類

1）普通社債

　　普通社債とは、中長期の資金調達を目的に一般の事業会社が発行する社債のことで、償還時に元本を返済することを前提に発行されます。銀行や保険会社のような機関投資家向けに発行される普通社債が多いのですが、中には個人向けに口数を少なくした社債もあります。ただし、個人向けは引き受けた社債を分割する形で販売しているため、希望する銘柄を購入できないこともあります。一般的に「社債」は、普通社債を指します。

2）転換社債

株式に転換できる社債を転換社債（転換社債型新株予約権付社債）といいます。普通社債のように債券としての機能を持ちながら新株予約権のとしての機能も持つ、株式にも転換できる社債です。

債券としての機能は普通社債で説明したとおりで、満期まで利息が支払われ、満期日に元本が償還されます。「新株予約権としての機能」とは、時価ではなく株式をあらかじめ設定された価格で購入できる権利のことです。新株予約権の機能を利用すると、行使価格が時価よりも低いときは、時価との差額を利益として得られます。転換社債を株式に転換した後は株式として取り扱われるため、社債の償還期限が到来しても元本の返済はありません。その代わり通常の株式と同じく、議決権や配当金など株主としての権利を得られます。

3）ワラント債

ワラント債とは、新株予約権付社債のことです。株式を行使価格で購入する新株予約権が付与された社債で、性質は転換社債に似ています。転換社債と異なるのは、新株予約権を行使して株式を購入しても、社債の転換にはならないことです。権利が付与されているだけであり、ワラント債の保有者が新株予約権を行使する際は、行使価格に応じて株式の取得に必要な資金を用意しなければなりません。また、ワラント債は転換型社債ではないため、新株予約権を行使しても社債は手元に残ります。

4）劣後債

劣後債は、債券と株式の両方の特質を持つハイブリット証券の一つです。劣後特約で定められた劣後事由（経営破綻など）が起きた場合は、元本と利息の支払いの優先順位が低い社債を指します。劣後事由発生時のリスクが高いことから、普通社債と比べて利回りは高めです。劣後債と同じハイブリット証券には、優先出資証券（優先社債）もあります。優先出資証券とは、劣後事由が起きた場合に支払いの優先度が高い社債のことです。劣後債や優先出資証券がハイブリット証券と呼ばれるのは、利払いや額面償還などの社債の側面と、価格変動が大きいといった株式の側面があるためです。

5）電力債

電力会社が、設備投資資金を調達するために発行する債券を電力債といいま

す。電力債は、電気事業法に基づいて発行されます。普通社債と異なるのは、一般担保がついていることです。一般担保がつくと、他の債権者に優先して弁済を受けられます。債券の保有者にとっては、元本を回収できないリスクが低いというメリットがあります。ちなみに、通常の普通社債は無担保のものが多いです。電力債は法律によって一般担保が付与された社債であり、通常の普通社債とは区別されます。

C. 社債と株式の違い

　会社にとっては社債も株式も資金調達の方法ですが、その性格はまったく異なります。会社にとって社債は借入金であり、株式は出資金です。社債は借入金ですから、会社には返済義務があります。社債の所有者は、会社から元本の返済を受ける権利と、設定された利息を受け取る権利があります。

　一方で、会社は出資金である株式については返済の義務がありません。出資金は、会社の成長や配当金、経営参加権（議決権の行使など）を見返りに、会社が出資を募るものだからです。株式を取得した株主は、配当金を受け取る権利に加え、会社が成長したときなどに株価を譲渡（売却）することによって得られる利益を狙います。

　社債も市場で売買されますが、価格変動が大きいのは株式です。投資家にとっては、安定を狙うなら社債、譲渡益を狙うなら株式のほうがメリットがあります。

　社債と株式は、会社倒産時の元本の扱いも異なります。社債の保有者は債権者ですが、株式の保有者は出資者であるため、倒産時の弁済は債権者である社債の保有者のほうが株式の保有者よりも優先されます。倒産時の状況によりますが、全額または一部を弁済してもらえる可能性が高いのです。

D. 社債購入のリスク

　社債は機関投資家（大口投資家）に加え、一部は個人投資家も購入できます。ここでは、社債を購入する際のリスクについて解説します。

1）信用リスク

　信用リスクとは、会社が倒産したときなどに元本や利息が支払われないリスクや、財政状況の悪化で支払いが滞るリスクのことです。会社にとって社債は債務なので、会社清算時に財産が残っていれば弁済（一部弁済含む）され

る可能性がありますが、保証はありません。会社の信用度は、会社の株価や第三者機関の格付けが参考になります。

2）価格変動リスク

社債は償還期限を待たず、中途換金ができます。これは、社債が市場で売買されるものだからです。中途換金をする際は時価で譲渡することになるため、時価が購入時の価格より下落している場合は損失が発生します。社債は信用度も関係するため一概にはいえませんが、市場金利が上がると市場価格（時価）は下がる傾向があります。

3）流動性リスク

社債の中途換金は、買い手がいてはじめて成立します。社債の取引量の減少などで社債の流動性が低くなった場合は、中途換金をしたくてもできないリスクがあります。

E. 中小企業が利用しやすい社債とは

社債とは、企業が、主に中長期の資金を調達する際に発行する債権のことです。企業が直接、投資家から資金調達する直接金融であり、貸借対照表上は負債に位置付けられます。また、銀行借入と違い、社債発行企業がある程度自由に返済方法を決められます（最終期限に一括償還することも可能です）。

少人数私募債は、少人数の縁故者や取引先を対象として発行する社債のことで、通常の社債に比べて（1）手続の簡素化、（2）無担保で発行可能などのメリットがあります。これまで、有限会社などでは、少人数私募債を利用できませんでしたが、新会社法ですべての会社に活用の道が開かれました。これにより、少人数私募債は、中小企業の直接金融の手段として、よりいっそう活用の幅が広がっています。

表 1　公募債と私募債の比較

	公募債	プロ私募債	少人数私募債
社債の購入者	多数の者	適格機関投資家のみ	50名未満、縁故者や会社に関連する者に限定
発行する金額	制限なし	制限なし	1億円未満
届出の必要性	有価証券届出書（または有価証券通知書）を提出	不要	不要
決算等の開示の必要性	有価証券報告書を提出	不要	不要
その他の規制	格付けの取得が求められる	なし	なし

出典：中小企業白書２００３年度版

1）発行条件

　　少人数私募債を発行するためには、1）社債権者が50名未満、2）社債権者に適格機関投資家（プロの投家）がいない、3）社債総額を最低券面額で除した数が50未満（たとえば、最低券面額が100万円の場合には、社債総額が5,000万円未満）などの発行条件を満たすことが必要です。社債を発行するにあたっては、事前に事業計画を立て、募集要項を取り決める。

2）事前に取り決めておくべき事柄

・事業計画
　　社債による資金調達の目的と用途を明確にする。借入から償還までの利益計画や返済計画などを立て
　　ましょう。また、利益獲得のための仕組み（ビジネスモデル）も明確にする。

・募集要項
　　社債の募集総額
　　社債の一口の金額
　　社債の利率
　　社債の償還期間と償還方法
　　社債利息の支払方法
　　中途換金（解約）の方法
　　社債の第三者譲渡の方法および譲渡制限

3）少人数私募債による資金調達のポイント

・積極的な情報開示を行うこと

事業計画や財務諸表などの自社情報を積極的に開示する。社債発行時に説明会を開いたり、社債発行後も決算終了時や利息の支払い時に、報告会などを開催する。

・社債の管理を徹底すること

少人数私募債は、社債管理会社の設置や官公庁への届け出が必要ないため、社債発行会社が社債券の管理を行います。社債原簿（社債台帳）を作成し、利払いや償還などを厳格に管理する。

・適切な社債利率を設定すること

利率は、社債購入者と社債発行者とが納得できる値を設定する。また、高い利率を設定すると、会社の経営状態が悪いのではないかと疑われることがある。

・社債の償還に備えて、資金繰りを計画的に行うこと

社債の償還時には大きなキャッシュアウトが発生します。キャッシュが不足しないよう、資金繰りを計画的に行う。

※償還日に償還できないことが予想された場合は、早期に社債購入者に連絡すること。社債権者集会などを開催し、状況や償還できなくなった理由などを説明する。今後、償還 できる見込みがあれば、新たな事業計画などを説明し、社債を再発行できるよう説得する。

社債と募集株式・借入金の比較

	株式	借入
共通点	・長期かつ多額の資金調達 ・有価証券の形態となるため、流動性があり小口で多数の投資家から資金調達が可能 ・有価証券のため、金融商品取引法の規制を受ける。	・負債として、負債比率に影響を与える。 ・償還期間がある。 ・どの会社でも実行可能な資金調達である（社債も発行できるし、借入もできる）。 ・調達コストが、ともに税務上損金算入される。
相違点	・社債はどの会社でも発行できるが、株式は株式会社しか発行できない。 ・社債は負債で、株式は自己資本である。 ・社債には返済義務があるが、株式にはない。 ・社債は調達コストが基本的に確定しているが、株式は確定していない。 ・社債は調達コストが税務上損金算入されるが、株式配当は損金算入されない（課税後の利益分配だから）。	・借入は有価証券ではないので、流動性が基本的にない。また、1つの金融機関から資金を調達する（社債のように多数の債権者は想定されない）。 ・社債権者に対する管理者の設置等の保護手続が存在するが、借入の債権者には存在しない。

◆. 社債の発行手続の基本的ステップ

社債を発行する場合には、次の流れによって発行されます。

1）社債の発行の決定

　　社債発行は、取締役会設置会社であれば、取締役会の専決事項のため、取締役会で社債の発行を決定することになります（会社法 362 条 4 項 5 号）。ただ、取締役会設置会社であっても、委員会設置会社の場合には、募集社債に関する事項の決定を取締役会の決議により、執行役に委任することが認められています（会社 416 条 4 項）ので、委任決議がなされている場合には、執行役が社債の発行を決定します。なお、取締役会が設置されていない会社の場合には、取締役の多数決によって決定します（会社 348 条 2 項）。ただし、募集社債に関する事項の決定を業務執行権を有する取締役に委任している場合には同 3 項）、その取締役が決定することになります。また、取締役会が設置されていなければ、株主総会において、会社の組織、運営、管理等のすべての事項を決議することができるので（会社 295 条 1 項）、定款に別段の定めがなくとも、募集社債に関する事項を決定することができます。株式会社以外の会社（すなわち持分会社）においては、業務執行社員が決定することになります。

2）募集事項の決定

募集社債を発行する場合には、次の事項を決定します（会社法 676 条）。

- ・募集社債の総額
- ・各募集社債の金額
- ・募集社債の利率
- ・募集社債の償還の方法および期限
- ・利息支払の方法および期限
- ・社債券を発行するときは、その旨
- ・社債券の記名式と無記名式の相互転換（698 条）を制限する場合には、その旨
- ・社債管理者が社債権者集会の決議によらずに訴訟行為又は破産更生手続等に属する行為をすること
- ができる（会社法 706 条 1 項 2 号）ときは、その旨
- ・各募集社債の払込金額もしくはその最低金額またはこれらの算定方法
- ・金銭の払込みの期日
- ・打切発行としない場合には、その旨およびその一定の日
- ・①〜⑪に掲げるもののほか、法務省令で定める事項

※会社法においては、株券不発行の原則化と平仄を合わせる形で、社債券も不発行を原則としています（同条 6 号）。また、改正前商法では、打切発行にする旨を社債申証に記載することを求めていましたが（つまり、打切発行が例外規定）、会社法では　社債は打切発行が原則となりました（同条 11 号）。

3）募集社債の申込み

募集事項が決定したら、次に、募集事項を投資家に対して通知します（会社法 677 条 1 項）。これは、募集株式の場合と同様（会社法 203 条 1 項）に、投資家の投資判断のため、会社法においても一定の　情報開示を求めているものです（会社法 677 条 1 項、会社法施行規則 163 条）。一方で、金融商品取引法規制において、目論見書を交付している場合等にも、募集株式と同様（会社法 203 条 4 項）に、会社法に基づく通知を省略することが認められています（会社法 677 条 4 項）。

この通知を受けて、募集社債の引受けの申込みをしようと考えた投資家は、①申込みをする者の氏名または名称および住所、②引き受けようとする募集社債の金額および金額ごとの数、③最低金額がある場合には（会社法 676

条9号）希望する払込金額の3つの事項を書面等により会社に交付します（会社法677条2項）。証券会社を利用している場合には、証券会社において手続きがなされると思いますので、証券会社が作成した申込書を利用する等が考えられます。

4）募集社債の割当て・払込み

　投資家から募集が集まったら、次は申込者の中から実際に誰にいくら引き受けてもらうか決定します。会社は、申込者が希望する金額通りに割り当てる必要は特にありません。募集株式の場合と同様（会社法204条1項）に、引き受けようとする金額を超えなければ問題ありません（会社法678条1項）。また、株式会社は、払込期日の前日までに、申込者に対し、当該申込者に割り当てる募集社債の金額及び金額ごとの数を通知しなければなりません（会社法678条2項）。

　社債の募集が完了したときは、払込期日（676条10号）に、割当てられた社債の金額を払い込むことになります。

G. 社債の利払いと償還

　社債は、一定日に決められた利息を支払い、また償還期限が到来すれば、社債を償還することになります。社債の利払いは、一般的に社債に利札を付して、この利札と交換する形で支払われます。このとき、社債権者が自ら指定された支払場所に利札を持っていくことになりますので（これを持参債務といいます）、借入金のように債務者が自ら利息を支払うのと異なります。社債の償還は、その償還日に償還することになります。ただし、実際には社債権者から社債を取得し、消滅させる「買入消却」の方法がよく用いられています（会社法690条1項参考）。社債の買入消却は、マーケット価格が下落しているときは、償還よりも有利な方法になります。

②クラウドファンディングによる資金調達コンサルティング

A. クラウドファンディングとは

　クラウドファンディングとは「インターネットを使って不特定多数の人々から少額ずつの資金を調達する仕組み」です。つまりクラウドファンディングは、インターネットで不特定多数の人に出資者になってもらい、資金を調達する仕組みです。

　支援者（出資者）へのリターン方法の違いから「購入型」「寄付型」「金融型」、募集方式の違いから「All-or-Nothing（目標金額を達成した場合のみ支援金を受け取る）方式」と「All-in方式（目標金額を達成せずに終了しても集まった分だけ支援金を受け取る）」に分けることができます。どちらも「支援金を受け取った場合」は、プロジェクトを遂行する義務が生じます。どちらの方式を選ぶかは、プロジェクトの内容によって決定します。

　国内のクラウドファンディングでは、「ネットショップで買物をする感覚」で気軽に参加できる「購入型クラウドファンディング」が多く、支援する金額によって「返礼品」が用意されています。「ふるさと納税」イメージに近いと言えます。

B. クラウドファンディングのステップ

1）新規事業計画の作成
　クラウドファンディングは、「新規事業」です。そのためビジネスモデルと事業3～5カ年計画を作成する必要があります。

2）掲載サイトの選定
　クラウドファンディングを行う掲載サイトを選定します。代表的なサイトとしては、CAMPFIRE、Good Morning、Makuakeなどがあります。サイトによって手数料・特色・得意分野が異なりますので、プロジェクトにあったサイトを選ぶことが大切です。

3）プロジェクトチームの結成
　クラウドファンディングには、掲載ページの制作、情報発信などに、人的な

労力かかります。協力してくれる仲間、プロジェクトメンバーを集めましょう。社内だけでなく、社外からも趣旨に賛同し、協力してくれるメンバーを集めてチームを結成すれば、支援の輪が広がります。

４）掲載ページの作成

プロジェクトの概要を掲載し、支援者を募集します。掲載ページの作成にあたっては、「どうしたら不特定多数のターゲットから共感を獲得できるのか」という視点が大切です。社会貢献・地域貢献の面、プロジェクトへの思いを表現します。ページはサイト運営者の審査後に公開され、クラウドファンディングがスタートします。

５）継続的な情報発信

掲載ページを作成したら、クラウドファンディングが終わりではありません。目標金額達成・掲載終了まで、適切な時に適切な方法でプロジェクトについてPRします。具体的には、SNS（Facebook・Twitter・Instagramなど）による情報拡散、知人・顧客へのメールや電話・DM、メディアへのプレスリリース、チラシ配布等を行います。また掲載ページを頻繁に更新し、支援者にプロジェクトの進捗などの活動報告をします。活動報告をきっかけに、支援者が再度出資してくれるケースもあります。

６）掲載終了

プロジェクトが終了し達成されるとサイト運営者から手数料を引いた出資金が振り込まれます。プロジェクトが終了したら、達成しても達成できなくても、すべての出資者（支援者）にお礼のメール・手紙を送付して、感謝の気持ちを伝えて、今後のファンづくりにつなげましょう。

７）事業の実施

プロジェクトを達成したら、必ず事業を実施する必要があります。プロジェクトの進捗については、支援者に定期的に報告します。リターン（返礼品）については、できるだけ速やかに送付します。

【事例】
新型コロナウイルスの感染拡大で打撃を受けた「遊園地」が、金融機関からの融資が難しいなかで、クラウドファンディングで5,500万円の支援金が集めた事例

です。「1日貸切り権」などのユニークな返礼品が話題となり、目標金額を達成しました。感染症流行の影響を受け、売上大幅減。2度目の経営存続の危機に直面し、資金繰りに奔走したが、経営再建中とあって思い通りに融資してくれる金融機関は見付からなかった。 最後の頼みの綱として活用したのがクラウドファンディング。支援者への返礼には、「1日貸切り権」などユニークなものも用意し、5,500万円もの支援金が集まった。返礼品の「1日貸切り権」を修学旅行に利用する中学・高校があったことをきっかけに、団体利用も増加。9月、10月の売上げは、前年同月を大きく上回った。

③銀行融資コンサルティング

A. 銀行融資の目的

・設備投資資金
「事業を新たに開始する」「複数店舗を展開する」といった場合には、まとまった設備投資資金が必要になります。これらの資金を自己資金だけでまかなうことは難しく、銀行融資を利用することが多くあります。

・銀行との返済実績作り
銀行から融資を受け、きちんと返済を行ったという実績を作ることによって、銀行との信頼関係を構築することができます。融資の必要がない場合でも、日ごろから少額融資を銀行から受けて、こまめに実績作りを行う企業は多く見受けられます。

・つなぎ融資
会社の資金繰り改善のために、短期の融資を受けることができるつなぎ融資。つなぎ融資を受けることで、会社に何らかのアクシデントが発生した場合も、資金ショートを防ぐことができます。
また、会社が自転車操業状態など赤字経営に陥っている場合も、つなぎ融資を受けることで事業の立て直しが可能になります。

・仕入費の捻出
季節モノや流行りモノなど、タイミングをつかんで商品を販売したいときなどは、

商品を仕入れるための仕入費が必要になります。

大量に仕入れることが原価を下げることにもつながるため、仕入費の捻出を目的とした融資を希望する企業は多くなっています。

B. 銀行融資の種類

・信用保証協会の保証付き融資

信用保証協会の保証付き融資は、初めて融資を受けるという方でも融資を受けやすい方法です。これは、信用保証協会が保証人の役割を果たすということも影響しています。

1）信用保証協会の保証付き融資の概要

この銀行融資の特徴	信用保証協会が保証人の役割を果たすため、初めての申し込みでも融資を受けやすい。 別途の担保も不要。利用の際に必要な信用保証料を損金とできるため節税に利用することもできる。
審査の時間	3週間〜1ヶ月程度
必要な書類	信用保証委託申込書（保証人等明細）、申込人（企業）概要 信用保証依頼書、信用保証委託契約書、個人情報の取扱いに関する同意書、確定申告書（決算書）、商業登記簿謄本、印鑑証明書
借入できる金額	最高2億8,000万円（組合4億8,000万円）まで

2）ビジネスローン

専門業者が発行するビジネスローンもありますが、銀行融資でもビジネスローンを用意しています。担保や保証人が不要で、審査基準がゆるやかとなっているのが借り手にとってもうれしいところです。スピーディーな融資で、急な資金調達にもしっかりと対応してもらうことができます。

ビジネスローンの概要

この銀行融資の特徴	主に中小企業向けとなる無担保型の事業者ローン。 スピーディーな融資が最大のメリット。担保や保証人が不要。 審査基準がゆるやかであるが、金利は高めの設定。
審査の時間	最短数日
必要な書類	本人確認書類（運転免許証・健康保険証等）、個人の所得を証明する書類（源泉徴収票・確定申告書の写しなど）、法人の所得を証明する書類（決算書等）、登記事項証明書、印鑑証明書、納税証明書、資金証明書、事業計画書、収支内訳書
借入できる金額	500万円〜1億円程度まで

3）売掛債権担保融資の概要

この銀行融資の特徴	売掛債権を担保する代わりに融資を受けることができる。「債権譲渡登記」制度を利用することで、売掛先からの承諾も不要。 売掛債権が担保となるため、無担保ローンと比較して借入条件が良いのがメリット。
審査の時間	3週間程度
必要な書類	会社概要、決算書、資産の状況説明書、売掛金・買掛金一覧、入出金の通帳、納税証明書、注文書・契約書・発注書・納品書・請求書など
借入できる金額	100万円〜2億円程度まで

4）カードローン

地方銀行に多く取り扱いのある事業者向けカードローン。
金利は高めに設定されていますが、カードタイプなため、ATMから気軽に融資を引き出すことも可能です。使い勝手の良さがメリットの一つといえるでしょう。

この銀行融資の特徴	担保・保証人なしで利用できる。地方銀行であれば、法人専用の事業者向けカードローンを取り扱っているところも。 金利は高めに設定されているが、ATMで利用できるなど使い勝手の良さがうれしい。
審査の時間	最短即日
必要な書類	本人確認書類（運転免許証・健康保険証等）、確定申告書、青色申告決算書
借入できる金額	10万円〜2,000万円程度まで

5）フリーローン

こちらもカードローンと同様、地方銀行に取扱が多くなっています。事業者専用でありながら、使いみちが指定されていないため、使い勝手の良さが魅力のひとつとなっています。

この銀行融資の特徴	カードローンと同様、地方銀行に取り扱いが多い。使いみちは原則自由。インターネットから気軽に申し込みができる。 担保や保証人も不要。起業したばかりの人でも融資を受けやすい。
審査の時間	最短翌日
必要な書類	本人確認書類（運転免許証・健康保険証等）
借入できる金額	10万円〜500万円程度まで

6）手形貸付

銀行に対して「手形」を振り出し、その見返りとして融資を受ける方法が、手形貸付です。

返済期日が短いため、あくまでもあくまでも短期融資として利用するのがおすすめといえます。

この銀行融資の特徴	申込人が銀行に対して「手形」を振り出し、そのかわりに融資をうける。 支払期日までに返済を行わないと「不渡り」となり、半年以内に2回不渡りを出すと、銀行融資が停止される。あくまでも短期融資として利用するのがおすすめ。
審査の時間	最短即日
必要な書類	金融業者所定の約束手形、代表者本人確認資料（身分証明書）、商業謄本、決算書又は確定申告書2期分、取引先通帳の写し（コピー）、当座照合表、銀行取引約定書、保証約定書、定款、印鑑証明書、個人調査書、口座振替依頼書、営業許可書
借入できる金額	10万円〜500万円程度まで

7）手形割引

銀行に約束手形を買い取ってもらうことで融資を受けることができるのが、手形割引です。

即現金化が可能なため、資金繰りの改善にも一役買ってくれることでしょう。

手形割引で融資を成功させるためには、手形の信用性が一番大切なポイントとなります。

この銀行融資の特徴	銀行に約束手形を買い取ってもらうことで融資を受けることができる。即現金化が可能なため、資金繰りの改善に有効。 審査に通過するには、約束手形の信用性がポイントとなる。
審査の時間	最短3日〜1週間程度
必要な書類	対象の手形、預金通帳（普通預金口座又は当座預金口座）、登記簿謄本、不動産登記簿、本人確認書類（住民票、運転免許証、パスポート）、印鑑証明書(法人と代表者のもの)、会社の3期分の決算書、納税証明申告書、代表者の収入を証明する源泉徴収書
借入できる金額	1,000万円程度まで（所有する約束手形の額による）

8）不動産担保融資

不動産を所有している場合は、不動産担保融資を利用することにより、大きな借入を受けることができます。ゆとりある返済計画を立てることができるのもうれしいところです。

この銀行融資の特徴	担保とした不動産の価値に応じた融資を受けることができる。借入金額が比較的大きいのが特徴。返済期間が 10 年以上となっているものが多く、ゆとりを持った計画を立てることができる。ただし、返済不能となると、担保とした不動産を失う可能性もある。
審査の時間	最短 3 日〜 1 週間程度
必要な書類	【個人事業主】 確定申告書（直近 2 期分）、借入計画書、本人確認書類、各種納税証明書、固定資産課税台帳（名寄台帳）、担保物件の先順位に借入がある場合は返済予定表 【法人】 商業登記簿謄本（履歴事項全部証明書）、決算書（直近 2 期分）、本人確認書類、各種納税証明書、固定資産課税台帳（名寄台帳）、担保物件の先順位に借入がある場合は返済予定表
借入できる金額	100 万円〜 1 億円程度（担保とする不動産の価値による）

9）プロパー融資

銀行のプロパー融資を受けることができれば、限度額を設定することなく融資を受けることができます。しかし、その分、融資までのハードルが高いため、まずは銀行との信頼関係をしっかりと築くことが大切です。

この銀行融資の特徴	信用保証協会を通さず、直接銀行から融資を受けることができる。金利が低く、限度額も設定されていないが、他の融資方法に比べて審査が厳しい。また、返済期間も短めに設定されているものが多い。
審査の時間	最短 3 日〜 2 週間程度
必要な書類	借入申込書、税務報告書、商業登記簿謄本、決算書、納税証明書、損益計算書、貸借対照表、印鑑証明書
借入できる金額	〜数十億円程度まで（原則上限なし）

10）当座貸越

当座貸越は、あらかじめ設定された一定の限度額までは自由に資金の出し入れが可能な融資方法です。審査は厳し目となる傾向になっていますが、ATM から融資を引き出せるなど、自由度の高いところがポイントです。

この銀行融資の特徴	あらかじめ設定された一定の限度額までは自由に資金の出し入れが可能な融資方法。そのため、融資のたびに審査を受ける必要がない。しかし、初めて利用する際の審査は厳しくなっている。ATM から資金を引き出せるなど、自由度も高い。
審査の時間	2 週間〜 1 ヶ月程度
必要な書類	資金使途が確認できる書類、決算書、青色申告書等の決算書類（3 期分）
借入できる金額	100 万円〜 2 億円程度まで

以上、銀行融資には色々あります。それぞれ融資を依頼するために必要な条件や書類が必要になります。中小企業診断士としてはこの融資条件の書類作成をする指導・支援するコンサルテーション力が重要となります。また、**日本政策金融公庫の融資制度を巻末に付したので参考にしてください。**

4　DX コンサルティング手法

A. DX コンサルティング

　パラダイムチェンジ新時代は IT・ICT・IOT・AI とグローバル化力が最も進む時代です。そこでこうした時代をリードする最も重要なのは IT・ICT・IOT・AI・グローバル化を総合的にシステム化し経営を DX 戦略に基づいて計画・実行し社会経済生活を変革していくことです。こうした時代の流れに対応するためには中小企業診断士は経営コンサルタントとして DX コンサルティング手法を学び指導支援することが期待されます。

　DX とは、企業がビジネス環境の激しい変化に対応し、データとデジタル技術を活用して、顧客や社会のニーズを基に、製品やサービス、ビジネスモデルを変革するとともに、業務そのものや、組織、プロセス、企業文化・風土を変革し、競争上の優位性を確立することです。

B. DX 戦略コンサルティングのポイント

1）新戦略・ビジョンを元に組織体制を整備する
DX 戦略には、軸となる目標 (ビジョン) を明確にすべきです。また、そのビジョンを達成するために、どのような戦略が必要かを踏まえならが組織体制を作る必要があります。

2）自社のビジネス力を分析し新しいビジネスモデルを設計する
まずは自社の持つビジネス力を改めて見直し、経営 SWOT 分析を行い強みと弱

みを把握します。さらに、自社を取り巻く環境だけではなく、業界の垣根を超えて新たなビジネスモデルを創造します。

3）変革にチャレンジする組織風土を築く

社内には新しい戦略を苦手とする人も多い。経営層が DX を理解していても、組織全体で理解が得られないと DX を円滑に進めることはできません。変革しやすい雰囲気をつくり、新しいものを取り入れる組織風土を生み出すことが大切です。そのためには、組織に必要な情報を共有し、共創的な自由なコミュニケーション環境を整備することが重要です。

4）デジタイゼーションを進める

デジタイゼーションとは、紙ベースでの管理プロセス、業務プロセス、決裁プロセスをデジタルへの変換し、IT 化します。そして、社内にあるデータの一元化を進め、情報共有できる社内整備を行い、顧客に新しい価値を創造するための次のステージに進めます。

そして DX を推進するためには、共通の危機感や目的意識を持つことが最も大事であり、その意識形成のために、まずは情報を共有する必要があります。

C. 経済産業省が指摘する「2025 年の崖」への DX 挑戦

　DX を進めるための課題を克服できなければ、将来的に大きな損失を生むことは容易に予測できます。経済産業省は、これを「2025 年の崖」と表現して警鐘を鳴らしています。2025 年の崖とは、2025 年だけではなく、それ以降を含めて DX を実現できなかった場合に生じると思われる経済損失を示しています。経済産業省によると、企業がグローバルなデジタル競争に敗北し、システムの維持管理費がさらに高騰し、サイバーセキュリティや事故・災害による損失が発生することで、毎年 12 兆円にものぼる巨額の損失が発生するとの予測をしています。そして世界的なコンサルティングファームであるマッキンゼー・アンド・カンパニーは、DX 推進の鍵を以下の 5 点にまとめています。

・デジタルに精通している適任のリーダーを、各部署に配置している
・将来の労働力の変化を見据えて、全体的な組織能力を向上させている

・新しい働き方を導入している

・日々デジタルツールを導入するなどして、社内をアップグレードし続けている

・既存の業務プロセスやデジタル技術について、絶えず検討を続けている

　これらのポイントを見ても、経済産業省と同じように人材配置と既存システムの更新が重視されていることがわかります。DX を推進できる高度な IT 人材を社内で育成するとともに、彼らが働きやすい環境・体制を整備し、既存システムを含めた形で DX 化を図るというのが DX を推進するうえでの定石となります。また、外部のベンダーや専門家に依存するのではなく、DX 化のための IT 人材を社内で育成し、配置していくことが経営層には求められます。全社的なシステム刷新が必要であることを考えると、社外の人間にのみ頼った企業の DX 推進では、成果が上がりづらいと言えます。従ってこれらを総合的に統括しアドバイスをする DX コンサルティングの重要性が認識され期待されています。日本経済が世界に遅れを取らないために政府は DX 導入、補助金制度を次の図のように推進しています。

・IT 導入補助金の執行スキーム

・IT 導入補助金の執行スキーム

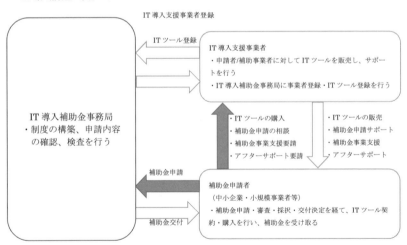

※ 2025 年の崖

・多くの経営者が、将来の成長、競争力強化のために、新たなデジタル技術を活

用して新たなビジネス・モデルを創出・柔軟に革革るデジタル・トランスフォーメーション（＝DX）の必要性について理解しているが…

・既存システムが、事業部門ごとに構築されて、全社横断的なデータ活用ができなかったり、過剰なカスタマイズがなされているなどにより、複雑化・ブラックボックス化

・経営者がDXを望んでも、データ活用のために上記のような既存システムの問題を解決し、そのためには業務自体の見直しも求められるんか（＝経営改革そのもの）、現場サイドの抵抗も大きく、いかにこれを実行するかが課題となっている

→この課題を克服出来ない場合、DXが実現できないのみでなく、2025年以降、最大12兆円／年（現在の約3倍）の経済損失が生じる可能性（2025年の崖）

D. DX戦略コンサルティングステップ

　企業経営をDX化するためには①②③とステップを追って進めていくことが重要です。一挙にDX化を目指して失敗します。①デジタゼーション②デジタライゼーション　そして、③デジタルトランスフォーメーション（DX）へのステップバイステップで環境整備を行いながらDX化を進めることが成功に近づきます。

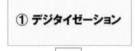

① デジタイゼーション

「アナログ・物理データのデジタルデータ化」と定義づけられ、局部的なデジタル化を指します。
例：「ハンコのデジタル化」は、局部的な業務の効率化・コスト削減を図ります。

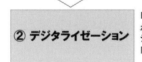

② デジタライゼーション

「個別の業務・製造プロセスのデジタル化」と定義づけられ、①でデジタルに置き換えたデータを活用し、さらにビジネスや業務フロー全体を効率化し、組織の生産性を向上させた状態のことを指します。
例：オンライン商談ツールを活かし、録画データを用いていつでもアクセスできる社員研修用教材として活用し顧客満足度を高める組織体制づくりを図ります。

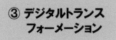

③ デジタルトランスフォーメーション

「組織横断/全体の業務・製造プロセスのデジタル化、"顧客起点の価値創出"のための事業やビジネスモデルの変革」を指します。
例：オンライン商談ツールを社員への教育をコンテンツ化した上で、Eラーニング商材として新たなビジネスモデルを誕生させた状態を実現します。

E. 経営 DX 戦略のための経営力分析コンサルティング

　経営の DX 化を進めるためには企業経営の強み、弱み、など経営力分析を具体的に行い経営課題と戦略を総合的に考え DX モデルを考える必要があります。

　経営の枠組み図とよく見て各経営枠組み項目の分析を経営力分析シート、レーダーチャート分析を行い、経営分析ポイント、対策ポイントで経営戦略を検討・構築し、経営 DX モデルシートにイメージ化（図表化）して下さい。そして、経営 DX 戦略スチームに基づき、経営 DX 理念を経営 DX 戦略理念シートに記入し、DX ビジネスモデル課題を対策を DX ビジネスモデル課題シートにまとめ計画することが重要です。

　これら基本的 DX ステップをコンサルティングすることが中小企業診断士（経営コンサルタント）に期待されるコンサルティングテーマ＆スキルといえます。

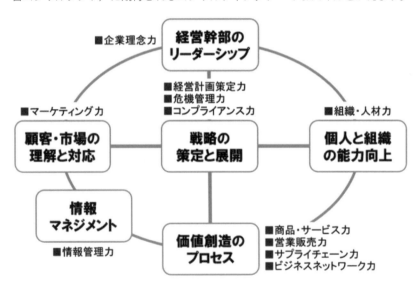

経営力分析シート

No.	経営力項目	評価ポイント	自己評価
①	経営幹部のリーダーシップ ■企業理念力	経営理念が確立しているか？	5 4 2 1
		経営理念は顧客重視の姿勢が示されているか？	
		経営幹部は経営理念や事業を行うための基本的方針を確実に社内に伝え、目標実現に向けて自らが率先垂範して行動しているか？	
②	顧客・市場の理解と対応 ■マーケティング力	自社の対象となる顧客・市場、主要な顧客を明確にし、その特徴を理解しているか？	5 4 2 1
		多様な手段により顧客・市場情報を収集し、現在および将来の期待・要求を明らかにしているか？	
		新たな事業機会や製品・サービスを創造するための情報源を確保しているか？	
③	戦略の策定と展開 ■経営計画策定力 ■危機管理力 ■コンプライアンス力	顧客の要求・期待・市場環境の変化に関する情報を検討して、戦略を策定しているか？	5 4 2 1
		自社の強み・弱みを明確にして、戦略を策定しているか？	
		将来動向から事業の機会と脅威を分析しているか？	
④	価値創造のプロセス ■商品・サービス力 ■営業販売力 ■サプライチェーン力 ■ビジネスネットワーク力	経営理念や戦略で明確にされた価値を実現するために、製品・サービスの企画開発から生産提供に至るプロセスが構築されているか？	5 4 2 1
		顧客の要求に応え、効率よく迅速に製品・サービスを提供できるよう業務プロセスを整備しているか？	
		また、サプライチェーンやビジネスネットワークを整備・構築しているか？	
⑤	個人と組織の能力向上 ■組織・人材力	社員の自主性と自己責任を重視した施策・制度を運用しているか？	5 4 2 1
		社員が経営や事業運営を理解し、意見を述べ易くするような施策を講じているか？	
		業務分担が明確になっており、顧客価値実現のために各部門が何をしなければならないかを社員が理解しているか？	
⑥	情報マネジメント ■情報管理力	経営にとって重要な活動の成果を判断し、マネジメントするための情報・データが明確に定義されているか？	5 4 2 1
		情報・データを蓄積し事業活動に役立てる情報システム基盤が確立しているか？	
		情報・データや情報システムの管理を行うために最先端の技術を活用しているか？	

■経営力分析・レーダーチャート

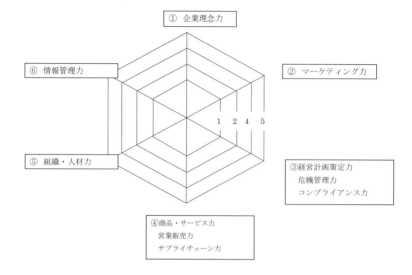

■経営力分析コメントと対策ポイントシール

評価項目	評価理由	対策ポイント	難易度	対策方法
経営幹部のリーダーシップ ■企業理念力			5 4 2 1	
顧客・市場の理解と対応 ■マーケティング力			5 4 2 1	
戦略の策定と展開 ■経営計画策定力 ■危機管理力 ■コンプライアンス力			5 4 2 1	
価値創造のプロセス ■商品・サービス力 ■営業販売力 ■サプライチェーン力 ■ビジネスネットワーク力			5 4 2 1	
個人と組織の能力向上 ■組織・人材力			5 4 2 1	
情報マネジメント ■情報管理力			5 4 2 1	

F. DX 計画コンサルティング

1）DX 戦略理念の作成

DX 計画を進めるにあたって最も重要なのは DX 戦略の理念を研究・検討し作成することです。

DX 戦略理念シートより理念の具体的にまとめあげます。

2）DX ビジネスモデルの作成

DX 戦略理念に基づき DX ビジネスモデルをイメージ化、図案化し誰もが分かるよう見える化をする

DX ビジネスモデルスキームシート

DX 戦略理念（誰に対し、何のために、何をシステム統合するか、そしてだれが責任を持つか）
DX スキーム図

DX ビジネスモデル課題

DX ビジネスモデル 課題	理由・原因	対策方法	難易点	研究・対策方法

M&A コンサルティング手法

Ａ. M&A とは

　M&A（エムアンドエー）は Merger And Acquisition（合併と買収）の略で、直訳すると「企業の合併と買収」となります。

　一般的に M&A という場合、「会社もしくは経営権の取得」を意味します。

　M&A の主な手法としては株式譲渡、事業譲渡、合併、会社分割があります。また、M&A の広義の意味として合併や買収だけでなく、提携（業務提携・資本提携）を含む場合があります。経営面での協力関係全般を M&A とする場合です。

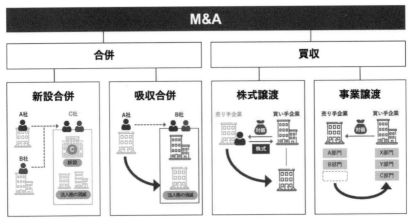

出典：ビズリーチ・サクシード

　M&A によって自社の弱みを補い、強みを最大化するような相乗効果（シナジー効果）を目的とする場合です。自社だけでは不足している、新しいテクノロジーや人材、市場を持つ会社と一つになることで、スピーディーに弱みを補完することができます。また、新規事業の開拓・成長戦略としての M&A があります。

　新しいビジネスチャンスを素早く獲得することを目的とする M&A です。現代の産業は目まぐるしいスピードで成長期→成熟期→衰退期のサイクルが回っています。従来は、成長産業に参入する際も、自社で一から事業を立ち上げた上、成長期→成熟期の間に投下資本の回収を図っていました。しかし、情報・通信革命

により、情報産業自体が速いスピードで変化するだけでなく、全ての産業がDX（デジタルトランスフォーメーション）目指し、産業のサイクルを高速化しました。

　その結果、産業は短命化して、従来のように一から立ち上げて新たな事業を起こす頃には、先行した競合会社に大きな差を付けられている状態が起きています。新しい市場やビジネス環境で事業を育成する時間的猶予はありません。

　そのため、新たな業界への参入は、可能な限り時間をかけず、速やかに行う必要が出てきています。投資回収までの時間を短縮し、育成を待たずに新たなビジネスチャンスを得るにはM&Aは非常に合理的です。

　そしてさらに事業規模の拡大（スケールメリット）のためのM&Aがあります。情報通信革命の結果、世界のあらゆる情報が瞬時に検索できるようになりました。その結果、世界中から最も効率の良い商品・サービス・生産/販売システムを選べるようになりました。

　企業は世界経済の中から選ばれる存在になる必要があります。情報通信革命による変化は全ての業界で起きていて、規模の拡大は既存事業の成長を待つだけでは追いつくことはできません。業界で1～3位となる規模の会社でないと世界経済では生き残ることが難しくなってきています。そのために、積極的なM&Aで地域を超えたスピーディーな成長戦略を展開する企業が増えています。

B. 売却（譲渡）側のM&Aの目的

・投資回収・現金化までの時間を短くするため
これまで事業に投資してきた資本を回収するは通常多くの時間が必要になります。M&Aでは未来に予想される収益も価値として算定することができるため、価値を認めてくれる相手とマッチングできれば、投資回収までの時間を大幅に短縮し、資本を得ることが可能になります。

・事業承継・後継者探しのため
日本の中小企業経営者の内、2025年までに平均引退年齢の70歳を超えるのは約245万人、そのうち約半数の127万人が後継者未定と見込まれています。[1] オーナーの親族に後継者が不在の場合や、後継者候補として見込める人材がいたとしても経営する意思や能力がない場合には、M&Aによる事業承継が有効な手段となります。

・創業者利益確定のため

創業者は、M&Aを行うことにより、事業の成長への貢献に対する十分なお金を得ることができます。買収側の企業と話し合って、双方が合意する金額を会社売却時に創業者に支払えば、引退後の生活や、新しい事業を起こすためにその資金を使うことが出来ます。最近ではM&Aでの売却を前提に事業を起こし、ある程度の売却価値が出た段階で売却することがあります。

・資源の集中・筋肉質経営のためのM&A

弱みとなる事業を売却し、利益率の高い部門に資源を集中するためのM&Aです。人口減少、少子高齢化社会の到来により日本市場は更に縮小することが予想され、競争に打ち勝ち、企業を存続するためには規模の拡大と企業体力の向上が必要です。利益が出にくい事業を売却し、自社の最も得意な事業（利益が出る事業）に資源を集中することにより筋肉質な経営を目指すことが重要です。選択と集中のために、事業譲渡、会社分割等のM&Aが有効な手段となり得ます。

・救済型（事業再生型）M&A

経営不振に陥ってしまった企業を救済する目的で行われるM&Aのことをいいます。日本では元々、事業承継や救済型M&Aが主流でした。経営不振の企業を救うことは「助け合い」という日本の道徳心に沿うものです。方法としては、事業譲渡、会社分割のほか、合併や第三者割当増資の引受等の様々な方法があります。

このようにM&Aには色々な方法があるためどのようなM&Aを目指すか経営コンサルティングの戦略的総合的支援が必要とされます。

C. 買収（譲受け）側のメリット・デメリット

1）買収側のメリットとして以下の事柄が考えられます。

・技術・ノウハウの取得
・ブランド・信用・取引先・許認可の取得
・優秀な人材の確保
・多角的な事業展開
・新しい地域（エリア）進出
・コスト削減

２）買収側のデメリットとして以下の事柄が考えられます。

・予想していた収益が上がらない

・想定していた相乗効果が出ない

・優秀な人材の流出

・統合後の組織がうまくいかない

・予定していた利益が上がらない

このように M&A にはメリットデメリットがあるため、それが期待通りの結果となるとは限りません。そのためより充分な調査・分析のもとに充分なる検討と予想が重要となります。

D. 売却（譲渡）側のメリット・デメリット

１）売却側のメリットとして以下の事柄が考えられます。

・後継者不在問題の解決

・従業員の雇用を守れる

・経営者の個人保証を解除できる

・資金調達・バイアウト・創業者利益の確保

２）売却側のデメリットは主に以下のものが挙げられます。

・売却先が見つからない

・従業員の雇用条件が悪化する

・顧客や取引先との関係性が悪化する

・企業文化の不一致

E. M&A コンサルテーションのステップ

ステップ１）M&A の動機のチェック

・買収側（譲受け側）の動機

　規模の拡大による市場・顧客確保（同じ業界内での統合によりスケールメリットを出す）

　経営資源の確保（人材・技術・ノウハウ・ブランド等）

　新規事業の開拓（新しい市場への進出）

ステップ２）売却側（譲渡側）の動機のチェック

選択と集中による一部事業・不採算事業の売却（より利益が出る事業に注力して経営合理化を推進するため）

事業承継・創業者の引退（後継者不在のため第三者の事業承継を希望する場合）

創業者利益の確保（保有株式売却、退職金受領等により利益を確定したい）

業績・財政悪化による救済の要請（自社内だけでは状況の改善が見込めず、外部の救済を求める場合）

ステップ３）準備

準備段階の取組みは必ずしも必須ではありませんが、準備しておくことでM&Aの交渉が始まった際にスムーズに取引が進むでしょう。

■買収側の準備

　　買収の目的を整理する

　　買収先の業界や条件等を絞り込む

■売却側の準備

　　売却の目的を整理する

　　決算書・財務三表（PL・BS・CF）を揃えておく（過去三期分あると交渉や価値算定がスムーズになります）

ステップ４）相手探し（ソーシング）

１）相手先を探す方法

　実際にはソーシングは仲介者を介して行われるのが一般的です。仲介者は税理士・公認会計士・　アドバイザー（仲介会社）等があります。ほかにも中小企業庁管轄の事業承継・引継ぎ支援センターが全国の窓口で無料相談を行っています。近年では全国の企業との出会いをインターネット上で提供するM&Aプラットフォームを利用するケースも増加しています。[6]

２）買い手が売り手を探す

特定の事業や業界について買収希望を持つ買い手は、その対象となり得る企業リスト（ロングリスト）を作成し、順番にその可能性を検討していきます。その後、

数社に絞り込みされたリスト（ショートリスト）に残った会社に対してアプローチしていくことになります。

3）売り手が買い手を探す

売り手が買い手を探す際には、できる限り良い条件の相手先を探すためにも、会社名を匿名にした上で多くの買い手候補と接触を図る必要があります。その際に事業内容や売上規模等のごく基礎的な情報を、売り手が特定されないような範囲で記載した資料（ノンネームシート）を作成します。その資料を元に検討し、関心をもった買い手候補がいれば、相手から打診（オファー）を受けることになります。

ステップ5）秘密保持契約の締結（NDA）

　相手が見つかり、本格的に M&A の検討が始まる場合、売り手・買い手双方はお互いの社名を含め、より詳細な情報を入手する必要があります。特に売り手にとっては、M&A を検討していること自体が極めて秘匿性の高い情報であることに加えて、買い手に提供する資料には非公開の内部情報が含まれています。これらの情報を秘密として保持する必要があり、秘密保持契約を締結します。

ステップ6）基礎情報の開示・交換
＜買い手側の基礎分析＞
秘密保持契約締結後、買い手は M&A の効果や妥当性を判断するため、売り手から必要な情報を開示してもらい、決算書や事業報告書、組織図等の様々な資料から初期段階の基礎的な分析を実施します。

- ・業務面・財務面・人材面の内情
- ・現状での収益力と成長性
- ・企業価値の概算
- ・統合後の相乗効果（シナジー効果）
- ・業務・システム・人的な統合の大きな支障が無いか
- ・重大な法的リスクの確認

ステップ7）案件概要書（IM）の提示

　売り手側は、事前に上記の買い手側の分析に必要な資料を作成し、買い手候補に共有することが一般的です。M&A 取引に必要な企業情報及び希望条件の概要を記載します。この資料は「案件概要書」もしくは「IM（Information

Memorandum）」という名称で扱われる文書です。

ステップ8）基本条件の提示

ここまでの開示情報や次のトップ面談の結果を踏まえて、買い手がM&Aを進めたいと判断した場合、基本条件（買収事業・提示価格・取引スキーム、スケジュール等）を、売り手へ提示することになります。

ステップ9）トップ面談

基礎情報の開示・交換後に双方が交渉に進む意思があれば、経営者同士のトップ面談が行われます。自社の魅力を誠実に伝えられるよう以下の心構えをしておくとお良いでしょう。

- ・相手先の企業は敵ではない（必要以上に警戒することはない）
- ・相手に質問したいことをリストアップしておく
- ・M&Aにおける優先順位（金額、期限、人材の取り扱い）などを検討しておく
- ・（必要に応じて）冷静に交渉テーブルに付けるよう複数の相手先候補とやりとりしておく

ステップ10）基本合意書の締結

トップ面談後、買い手からの基本条件提示を受けて、売り手が同意すれば、基本合意書（MOU）を締結します。基本同意書はM&Aの取引成立を確約するものではなく、それまでに必要なプロセスとスケジュールなどの約束事を双方で明確にするために結ばれます。基本合意書では一般的に以下の事項が明記されます。

- ・合意した基本条件の内容
- ・独占的交渉権の付与
- ・デュー・ディリデンス（法務・財務・ビジネス等様々な観点からの価値・リスク調査）の実施、協力取引完了まで、売り手が大きく事業の内容や財務状態を変えるような行為を行わない義務を負うこと
- ・法的拘束力の有無（基本合意書が法的拘束力を持たないと規定するのが一般的）

ステップ11）デュー・ディリジェンスの実施（DD）

基本合意締結後、買収側によるデュー・ディリジェンス（Due Diligence）が行われます。デュー・ディリジェンスとは本来「正当な注意義務」という意味の英語です。買い手企業が売り手企業に関しておこなう実態調査のことをいいます。これまでのプロセスで提供を受けた資料、情報だけでは分からない、より詳細な会社の実態を把握するために行われます。会社の全ての財産・負債・リスク等を

確認し、売却金額の妥当性や最終契約に盛り込むべき条件を検討していきます。

ステップ12）最終条件交渉

デュー・ディリジェンスの結果を踏まえて、最終的な条件を検討した上、最終契約の条件交渉を進めます。

ステップ13）最終契約

基本条件に変更が無い場合、または条件の変更が双方で合意されれば最終契約となります。

１）最終契約書には、主として以下の事柄等が記載されます。

- ・M&A の対象となるモノや権利等の内容
- ・売却金額
- ・現金及びは株式等の引渡しについて
- ・実行の前提条件
- ・誓約事項
- ・表明及び保証
- ・善管注意義務
- ・役員及び従業員の待遇
- ・秘密保持
- ・競業禁止義務
- ・補償
- ・売却会社経営者の個人保証解除について

２）表明及び保証

売り手、買い手の双方が相手方に対して、取引の前提となる事実関係を表明し、事実であることを保証します。主に売り手が M&A の対象会社について、買い手に表明を行います。実際の最終契約書では、相当多数の表明保証事項が規定されることも多いですが、代表的な内容としては、例えば、以下のようなものが規定されます。

- ・売り手が譲渡対象を適法に保有していること
- ・対象会社が適法に事業を行っていること
- ・買い手に対して誠実に情報を開示しており、虚偽や隠匿がないこと
- ・買い手に開示した計算書類が正確であり、簿外債務等がないこと
- ・契約違反や紛争等、事業に関するリスクがないこと

・対象会社が倒産状態になく、そのおそれもないこと

3）前提条件
売り手及び買い手が取引を行うための前提となる条件を記載します。
・表明保証の事項が事実であること
・クロージングまでに双方が義務を履行すること

このような前提条件を記載します。これらの前提条件は、売り手、買い手それぞれについて規定され、相手方が前提条件を充足しない場合には、条件が充足されるまでの間、M&A の実行を拒否することができます。

4）補償
表明保証事項への違反が判明した場合や契約上の義務に違反した場合、それによって相手方に発生した損害額を補償する義務を明記します。ただし、期間や金額に限度が設けられるのが一般的です。そうした事態に対応するために、表明保証保険が保険会社によって提供されています。

ステップ 14）クロージング

1）株式譲渡のクロージング
株式譲渡では、買い手は売り手から株式を取得します。買い手は売り手側にその代わりに現金等を支払います。売り手は株券の引渡しや、株主名簿の書換請求を行います。

2）事業譲渡のクロージング
事業譲渡では、譲られる資産・負債・権利義務について、全て個別に移転するものと整理されます。負債や、雇用契約、取引契約その他の契約上の地位については、移転のためにそれぞれ第三者の承認を得る必要があるため、一定の日付で全ての移転が完了しないケースもままあります。すぐに承認が得られない場合、それぞれの項目について関係者と協議を重ねて、完全な移転を目指していきます。

ステップ15）買収

1）株式取得・資本参加
株式取得・資本参加は売却（譲渡）側の株式を買収（譲受け）側が譲り受ける方法です。株式譲渡・株式交換・株式移転などがあります。

2）株式譲渡
株式譲渡は、売却会社の発行済株式を買収側に譲渡する方式です。買収側は売却側に対して対価を支払います。シンプルな方式で、中小企業の M&A ではよく用いられる方式です。

3）株式交換
株式交換は、売却会社の全ての発行済株式を買収側に集約し、売却会社の株主は、対価として買収会社の株式や現金を取得する方式です。

4）株式移転
株式移転は、株式会社が全ての発行済株式を、新たに設立する株式会社に取得させることです。一つの会社が行う場合と、二つ以上の会社で行う方法があります。その代わりに、新たに設立した会社より、株式等の割当を受ける方式です。

ステップ16）事業譲渡・資産買収

1）事業譲渡
事業譲渡は、売却（譲渡）企業の事業全部または一部を譲り受けます。財産以外にもノウハウ・技術・取引先関係などの無形財産（のれん）の価値も加味される点は、株式譲渡と同様です。売却（譲渡）企業には通常、対価として現金が支払われます。

2）会社分割
会社分割は買い手側が売り手側の事業資産を取得するという分類に入るため、買収に含まれます。会社分割には吸収分割と新設分割があります。M&A では吸収分割が一般的な手法ですが、新設分割と株式譲渡を合わせて行うケース等も見られます。

・吸収分割

　吸収分割は、売却企業の一部事業を切り分けて、買収企業に承継します。売却会社側は、対価として現金や買収会社の株式等を取得します。

３）新設分割

新設分割は、売却事業の一部事業を切り分けて、新しく設立される会社に承継します。売却会社側は、対価として新しく設立された会社の株式を取得します。（買収企業に対する M&A として行われる場合、さらに、新しく設立された会社の株式を、買収会社に対して譲渡します。）

４）合併

合併とは、複数の会社が、契約によって一つの法人となることをいいます。吸収合併と新設合併の二つの手法があります。

５）吸収合併

吸収合併は、合併する会社のうち１社が他の会社を吸収して存続し、他の会社は解散する手法です。吸収した会社は、吸収された企業の財産（資産・負債）や従業員等を引き継ぎます。

６）新設合併

新設合併は、合併対象の全ての会社が解散して新しい会社（新設会社）を設立します。合併前にそれぞれの会社に属していた従業員・資産及び全ての権利義務は全て新設会社に引き継がれます。吸収合併と比べると、いずれの当事会社についても承継が生じるため手続きが煩雑となりやすく、許諾・認可を全て新設会社で取り直す必要が生じるケースもあり、これらの事情から、新設合併よりも吸収合併の手法のほうが選択されやすいということができるでしょう。

ステップ 17）提携

提携とは、2 社以上の会社が業務、資本面で協力することをいいます。合併や買収と異なり、会社の経営権を取得する目的がないため、一般的に狭義の意味では M&A には含まれません。

しかし、業務・資本面で強い協業関係を構築できれば、合併・買収と同じような相乗効果（シナジー効果）が期待できる場合もあります。提携で協業関係がうまくいくことを確認してから合併・買収に進むこともあります。そのため、提携も

広義の意味の M&A として扱われている場合があります。

1）業務提携

業務提携とは、特定の分野で複数の企業が業務上の協力関係を持つことです。お互いの事業の弱みを補い、強みをより活かせるような相乗効果（シナジー効果）を生み出すために取られる手法です。一般的には協業関係を明確にするために「業務提携契約」を取り交わします。

2）資本提携

資本提携とは、一方の企業が他の企業の株式を取得する、もしくはお互いの株式を持ち合うことにより、業務提携関係をより強くする方法です。この方法は買収と似ていますが、相手企業の経営権を取得することを目的としていないのが異なる点です。

ステップ18）株式譲渡にかかる税金

株式譲渡を用いる場合には、原則として、株式取得側に税金はかかりません。一方で、売却側においては個人であれば所得税、復興特別所得税、住民税がかかることになります。法人であれば法人税がかかることになります。

1）個人が株式を譲渡する場合

・所得税

株式を譲渡するにあたって、所得税がかかります。株式を譲渡した際に利益（取得金額との差益）が発生すると、その利益（税務上は利益を所得といいます）について課税対象となります。一般に、所得税額の計算においては、①各種所得の金額を合算した金額を課税標準とし（総合課税）、かつ、②所得金額の増加に合わせて税率が上がる、超過累進課税制度がとられています。しかし、株式譲渡については、①他の所得税と別枠で所得金額が計算され（申告分離課税）、また、②税率については、譲渡所得に対して一律15％課税 [7] されることになります。

・復興特別所得税

復興特別所得税 [8] は 2011 年に発生した東日本大震災の復興を目的に作られた特別所得税となっており、2013 年から 2037 年までの期間徴収されます。復興特別所得税は所得税の 2.1％と決められています。上記から 15％×2.1％

=0.315%となります。

・住民税
株式譲渡にあたって住民税もかかることになります。税額の計算方法は所得税と同じ方法で計算され、所得に対して一律5％課税されることになります。

※所得税、復興特別所得税及び住民税を合わせると株式譲渡の所得に対して20.315％の税金が課されることになります。

2）所得の計算方法
ここまで各税金の税率を中心に解説してきましたが、税額計算のもととなる所得について解説していきます。所得税、住民税における所得ですが、以下の計算式で計算されます。

課税所得　＝　総収入金額　－　（取得費　＋　委託手数料等）

ステップ18）事業譲渡にかかる税金

事業譲渡に関しては売り手側と買い手側のそれぞれで税金がかかりますのでそれぞれの観点に分けて解説していきます。

１）売り手側の税金

・消費税
消費税は、大雑把にいえばモノの売り買いに課される税金であり、買い手側が負担することになりますが、納付するのは売り手側となります。そのため、事業譲渡においても売り手側が預かって納付することになります。消費税は、譲渡する資産の中でも課税対象となる資産と課税されない資産があります。主なものは以下の通りとなります。
・課税資産：土地以外の有形固定資産（建物など）、在庫など
・非課税資産：土地、有価証券、債権など

消費税率は、国税である7.8％と地方税となる2.2％の合計10.0％となっており、

上記の課税対象となる資産の価額に乗じて計算されることになります。飲食料品など軽減税率適用の場合は、国税 6.24% と地方税 1.76% で合計 8.0% となります。

・法人税
事業譲渡において法人税は譲渡益が発生した場合には課されることになります。譲渡損益の計算は以下の通りとなります。
譲渡損益＝売却金額 - 譲渡資産の簿価（取得した金額から価値の下落分（例：減価償却費）を引いた金額）上記の計算で売却金額の方が大きければ譲渡益となり、簿価の方が大きければ譲渡損となります。ここで計算された譲渡損益が、当該事業年度における事業上の損益と通算され、法人税の計算がされることとなります。

2）買い手側の税金

・消費税
消費税は売り手側でも解説した通り、買い手側が負担することになります。計算方法は売り手側と同様で、計算された消費税を買い手側に支払うことになります。売り手側から請求される金額が正しいのかは確認の上、支払う必要があります。

・不動産取得税
事業譲渡の対象資産に不動産が含まれている場合は、不動産取得税を支払う必要があります。
不動産取得税は、固定資産税評価額の 4%（非住宅家屋の場合）となります。
不動産取得税は、不動産を取得した場合に課税されるものであり、事業譲渡の場合は、通常の不動産の売買と同様の課税が生じます。他方、事業譲渡と似た方法である会社分割の場合は不動産取得税の非課税措置が存在し、条件を満たすと不動産取得税はかかりません。
不動産取得税だけを考えると、会社分割スキームをとることにメリットがあります。事業譲渡と会社分割については、比較すべき点が様々あり一概にどちらの手法がよいと言うことは困難ですが、承継対象となる不動産の金額が大きくなるケースにおいては、会社分割スキームを検討する余地があるでしょう。
・登録免許税
登録免許税も不動産に関連する税金ですが、不動産登記の変更登記を行うにあたって課されるものとなります。登録免許税は、土地、建物それぞれ固定資産税評価額の 2% で計算されます。

ステップ 20）M&A にかかる手数料

M&A の仲介手数料は仲介会社により異なりますが、目安として、参考金額を紹介します。

項目	金額
相談料	～1万円
着手金	～200万円
中間金	～200万円あるいは成功報酬に応じて
月額報酬（リテイナーフィー）	～200万円（月額）
成功報酬	売却金額に応じて

以上、中小企業診断士として以上のステップを十分熟知し、ステップの順序に従って的確で適正な方法をコンサルティングすることが重要です。

V パラダイム新時代における
中小企業診断士（経営コンサルタント）の
事業領域開発方法

中小企業診断士などの士業家のビジネス環境の変化とビジネス領域

　今日、急速に進化した情報化時代では、弁護士・公認会計士・税理士・中小企業診断士など士業の専門知識、情報はインターネットでいとも簡単に即座に入手出来るため、少しの知識さえあれば専門的知識や情報が理解出来るようになり専門家の知識情報力の価値の低下がみられます。

　過去は専門家でないと専門情報が入りにくく、専門家の情報力や知識経験がすこぶる重要で大きな価値を持ち役割を果たしていました。

　しかし、現在では専門知識や情報だけでは士業者の価値が評価されにくく現実的な実行力、指導力、説得力や経験に基づく実績や結果が重要視されます。国家資格を持っているだけではビジネス価値はあまり無いと言えます。

　従って、インターネットや AI などのが更に発展進化していく現在、中小企業診断士やその他の国家資格を有する士業家のビジネス環境が大きく価値変動する点、経営コンサルビジネスの領域も変化するため、マルチにコンサルタントビジネス領域を研究し、自らのキャリアビジョンに基づいた経営コンサルビジネススキーム（モデル）を構築する事が最も重要になります。中小企業診断士（経営コンサルタント）のビジネス領域は下記にように多様にあります。

〇経営顧問

　経営顧問の仕事は、ご承知の通り経営のあらゆる点で相談を受け、アドバイスする仕事です。内容的には経営戦略の立案、指導、アドバイスをする経営戦略顧問、また経営に必要な資本・資金に関する相談、アドバイスをする財務顧問、また人材・組織を開発、育成する人事顧問また営業網を拡大したり営業開発の相談指導する営業顧問、メーカーなどの技術顧問、さらに最近、重要視される企業リスクに対する企業コンプライアンス顧問、情報システム顧問そして DX 顧問など知識と経験豊富なキャリアに基づく専門顧問の重要性が増しています。中小企業診断士（経営コンサルタント）として過去のキャリアを生かし、キャリアエンプロイアビリティに基づく顧問は重要なコンサル領域と言えます。

　経営顧問は通常、月に 1 ～ 2 回クライアント先に出向き会議やミーティングに参加したり直接責任者の質問、課題相談など業務支援を行います。

　顧問料は契約次第ですが、月 5 万円～ 10 万円くらいが多いようです。顧問先は 1 社でなくとも、5 社ほど契約すれば月額 40 万～ 50 万くらいの収入が出来ま

す。

〇経営セミナーや講座講師

　中小企業診断士（経営コンサルタント）として実績が積み重なると自らの実績を基にした経営セミナーを主催したり、また依頼されたりします。場合によっては、シリーズで年間で企画実行できます。多くは経営者団体が主催するセミナー講師ですが、一度人気や評判が良いと年に何回も依頼があります。そしてセミナー出席者から直接経営相談や顧問依頼、またはコンサル依頼があります。従ってセミナー講師によって自らを売る営業セミナーとしての場でもあるため、十分な準備と取り組みが大切です。セミナー講師料は依頼先にもよりますが、一日当り10万円〜20万円くらいと思われます。

〇業務委託

　業務委託は会社が業務を外部の企業や個人に委託する際に行う契約です。これを受けた側は、労働力ではなく仕事の成果を提供します。

　会社員や派遣社員とは異なり、会社と雇用関係を結ばず、対等な立場で業務を遂行します。そのため、会社側から業務の進め方に対して、指揮命令を受けることはありません。

　また、「何時から何時まで働いてください」という時間的な制約を受けることも基本的になく、あくまでも委託された業務を遂行すること、もしくは成果物を完成させることで「報酬」が支払われます。

契約形態別の違い

	業務委託	会社員	派遣社員
契約形態	業務委託契約	雇用契約	雇用契約
雇用主	なし	就業先	派遣会社（派遣元）
提供するもの	業務の遂行　成果物	労働力	労働力
指揮命令	不可	可	可（派遣元）
勤務時間	制約なし	制約あり	制約あり
賃金	報酬	給与	給与

■業務委託の働くメリット・デメリットと注意点

１）業務委託の働くメリット

・自分が得意とする分野の業務のみを行える
・時間や場所など働き方の自由度が高い
・提供する価値次第で収入を上限なく増やすことができる
・望まない業務を依頼された場合に断ることができる

２）業務委託の働くデメリット

・労働基準法が適用されない
・仕事は自分で見つけなければならない
・収入やキャリアが保証されていない
・企業との契約や報酬の交渉、確定申告の税務処理などを自分で行う必要がある

３）業務委託として働くリスクと注意点

・タスクや体調の管理がおろそかになる可能性がある
・業務を完遂できなかった場合、損害賠償請求などのトラブルに発展することがある
・自分で自分を成長させ続けないとキャリアアップが見込めない

４）業務委託の営業

・知人の紹介
・自分で営業をかける（Web や SNS を使って発信するなど）
・求人サイトで探す
・その他（案件マッチングサービスの活用など）

〇商工会議所　経営指導員

　会員（商工会議所に加盟している会社の社長さん）から経営相談を受けて、売上UP（マーケティング）に関してアドバイスしたり、これから起業したい！という人の相談にのって起業アドバイスをしたり、融資が必要な場合はマル経融資というものを斡旋したり、経営者が受けたい！と思えるセミナーを企画して、有名な経営者やコンサルタントを招いたり、市町村や地域企業と共に地域活性化のための企画を立てて実行したり、経営者からの依頼があれば企業を紹介したり、

また補助金申請の手伝いをしたり、専門的な人材（データ解析とか難しい分野）が必要な経営者の場合には、その分野の第一人者を紹介したり、要するに経営に関する事全般を、商工会議所の会員や、会員でなくてもこれから起業したい！という人向けにアドバイスや支援を行うのが仕事です（公務員のような安定的な立場を持つことが出来る経営コンサルタントと言えます。

商工会等職員【経営指導員】

月給 17.2 万円 − 正社員
求人カテゴリー：経営指導員
給与情報：経営指導員：月給 172,200 円〜　各種手当あり　昇給あり【正職員・団体職員】
雇用形態：正社員

仕事内容：
【経営指導員】
・県内の中小・小規模企業の経営者が直面する財務・金融・労務等をはじめとする経営上の諸課題についての相談対応や、経営計画の策定をはじめとする経営支援業務
・夏祭り等のイベント実施をはじめとする、元気な地域づくりと商工業振興のためのまちづくりに関すること
給与：
基本給
【経営指導員】172,200 円〜
【経営指導員研修生】166,400 円〜
※採用以前に民間企業等にて勤務経験がある場合は、経験年数が加算される場合あり
諸手当
・扶養手当：配偶者 月額 6,500 円、子 月額 10,000 円等
・住居手当：賃貸住宅に居住の者に月額上限 28,000 円
・通勤手当：通勤に交通機関又は自動車等を利用する者に月額上限 55,000 円
・その他単身赴任手当等あり
昇給
年 1 回（4 月 1 日）
賞与＜令和 4 年 4 月 1 日現在＞
年 2 回（6 月、12 月）支給
昨年度実績　年 4.45 月分（6 月 1 日採用者 初年度 2.655 月分※見込）
その他の条件等：
勤務地
【経営指導員】
市商工会（※初任地,その後県下 38 商工会を対象に転勤有り）
勤務時間　8:30〜17:15（休憩 45 分）
※時間外労働あり（月平均 5 時間）
休日・休暇
完全週休二日制（土曜・日曜）、祝日、年末年始（12 月 29 日〜1 月 3 日）、年次有給休暇（年間 20 日付与）、育児・介護休暇、各種特別休暇（出産、忌引等）
福利厚生
雇用保険、労災保険、健康保険、厚生年金保険、健康診断、退職金制度あり（勤続 1 年以上）、職員年金制度等
教育制度
新任職員研修、職種別研修会等各種研修制度あり
※試用期間：6 か月（労働条件変更なし）

〇 IPO コンサルタント

　株式上場のためには、監査法人によるショートレビュー、取締役会・株主総会の開催・運営、主幹事証券会社の選定や引受審査・証券取引所の上場審査など、さまざまなプロセスを乗り越えなければなりません。上場にはおよそ 3 年程度の準備期間が必要となり、様々な準備をしなければなりません。

　IPO コンサルタントは株式上場のために必要な業務の選定・代行、スケジュールの立案や各関係会社の紹介を行う経営コンサルタントです。

・株式上場（IPO）のプロセス

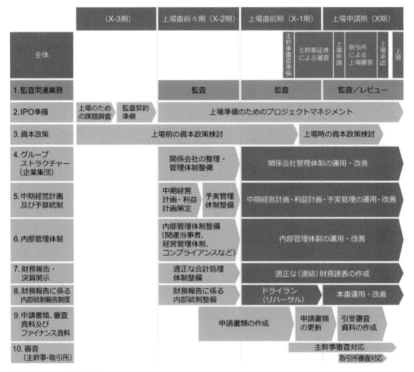

（PWCJapan　HP より）

IPO コンサルタントが行う業務
IPO コンサルタントの業務は多岐に渡ります。下記に一例を挙げていきましょう。

・資本政策の立案
・株式上場スケジュールの立案、レポート作成
・内部管理体制の導入、指導

・規定の見直し、作成
・予算管理の指導
・各種申請書類の作成、指導
・主幹事証券会社の紹介、推薦
・証券取引所の上場審査に向けての指導
・上場後の必要書類作成

　株式上場は、証券会社や証券取引所、監査法人とのやり取りが重要となります。IPO コンサルタントは上場申請企業側と証券会社・証券取引所の中立的な立場を取ることで、企業が適切な手順を踏んでいるかどうか、管理や確認を行っています。また、上場後に業務がスムーズになるような体制を事前に整えておくことも大切。こうした体制づくりの指導も、IPO コンサルタントが行う重要な業務のひとつとなります。

〇 M&A コンサルタント

1）M&A コンサルタントの事業内容とサービス
　M&A コンサルとは、M&A の案件に特化して受注・アドバイスを行う業務をさし、M&A の買収先や売却先からの相談を受けたり、M&A の契約を代理で行ったりするコンサルティングサービスです。
具体的な事業内容としては、M&A の買収・売却の戦略立案、M&A の手続きや契約業務などを行います。基本的に、M&A コンサルタントのサービスは、M&A 契約締結までです。
　しかし、M&A コンサル会社によっては、M&A 後の組織再編に関して相談できるケースもあります。
M&A は大きな額のお金が動く案件が多いため、担当者は依頼者の信頼を得ることが重要です。そこで、M&A コンサル実績や能力を示すバロメーターとして、民間会社が M&A コンサル能力を認定する制度が存在します。
　具体例としては、M&A エキスパート認定制度（株式会社日本 M&A センターと金融財政事情研究会が企画・運営）や、M&A スペシャリスト資格（全日本能率連盟が資格称号の品質を審査・評価）などがあります。

2）成功報酬
　成功報酬とは、M&A の最終契約書の締結後に支払うことになる手数料となり

ます。成功報酬はレーマン方式と呼ばれる計算体系で計算されます。レーマン方式は以下の表のような計算体系となっています。

取引金額	手数料率
5 億円以下	5%
5 億円超 10 億円以下	4%
10 億円超 50 億円以下	3%
50 億円超 100 億円以下	2%
100 億円超	1%

規模によって計算されるのですが、取引金額が少額となる場合には最低報酬額が設定されています。

3）M&A コンサルタント の種類

M&A アドバイザリーのサービスを提供する主体としては、証券会社、銀行（メガバンク、地方銀行）、信用金庫、会計事務所、税理士事務所、経営コンサルタント、個人コンサルタントなどさまざまあります。

4）M&A コンサルタント業務〜 M&A 戦略

策定 M&A コンサルタントが行うのは、M&A での買収を検討している企業と具体的な M&A 戦略を策定します。どのような企業や事業を買収したいのか、どのような手法を用いるのか、考え得る具体的な戦略を提示していき、その企業に適した戦略に落とし込みます。

5）M&A コンサルタント業務〜対象企業探し

M&A 戦略が定まった次には、M&A コンサルタントの業務は買収候補となる企業の選定に移行します。その際には、候補企業の財務状況や経営状況など、専門的な観点から調査・分析を行うのが常です。そうして、買収候補のリストを取りまとめて提示し、交渉相手の選定が行われます。

6）M&A コンサルタント業務〜交渉・デューデリジェンス

買収したい企業が決まったら、その企業に対してアプローチを進めます。経営者と株主が同一でない場合は、株主側にも接触します。相手側が買収に応じる姿勢となった場合、買収方法などの具体的な内容の協議を行います。その協議で合意に至ったならば、基本合意書の締結が行われます。まだ、最終契約ではありません。基本合意書締結後、買収対象となる企業の財務状況などについて、さらに

詳細な調査を行います。その調査結果を元に、相手に提示する具体的な買収金額を算定します。買収価格の算定においては、対象企業の資産価値を適正に評価しなければなりません。その詳細な調査と検証のことを「デューデリジェンス」といいます。買収金額を提示する交渉段階においては、特に M&A コンサルタントの腕の見せ所です。当事者同士である企業の経営者だけでは、お互いの利害が対立するので交渉も停滞します。専門知識を持った M&A コンサルタントが交渉を進めることで、より良い条件での M&A をめざすことができるのです。

7）M&A コンサルタント業務〜契約

　M&A での買収金額をはじめとする具体的な条件交渉がまとまれば、最終的な合意によって契約となり、M&A 取引が実行されます。M&A 業務における最終的な手続き（クロージング）によって経営権が移転し、買収対象企業は買収企業の傘下となるわけです。M&A での買収の場合、株式譲渡の手法が取られますから、株券の引き渡しと対価の支払いがクロージングとなり、そこで実際に経営権が移転します。

8）M&A コンサルタント業務〜統合

　M&A は契約して終わりとはなりません。買収成立後は、「統合」という重要な段階に進みます。統合とは、買収企業と被買収企業の違いを素早く埋めるプロセスのことです。企業と企業の間には、当然のことながら経営体質の違い、そして風土の違いがあります。買収後の事業展開をスムーズに進めるためには、それらの違いを早急に埋めることが必定です。M&A コンサルタントは、買収前の段階でそれぞれの企業の風土をきちんと分析しておき、実際に統合が行われる際に適切なアドバイスを行います。また、人事システムや情報システム、業務プロセスなどの統合も、実際に業務をこなす中で進められていきます。ここでも、M&A コンサルタントが適切なアドバイスを行い、スムーズな統合に尽力します。このように、M&A アドバイザリーは、M&A の一連の流れを幅広くサポートするサービスとなります。その業務を実際に行う専門家が M&A コンサルタントであり、さまざまな場面での手厚いサポートを実践していきます。

2　経営コンサルタントとしての独立起業

ステップ１）独立起業

・独立起業へのチェックとステップ
独立・起業を考えることは、中小企業診断士（経営コンサルタント）として重要な一領域テーマのひとつと言えます。新会社法では、資本金１円でも会社を設立できます。中小企業診断士として独立・起業を目指す場合、まず起業家として以下のチェックをし、不明確な場合はよく考え、研究し、OK が出せるようにすることが大切です。

・独立起業家のチェックポイント
まず起業家として以下のチェックをして、不明確な場合はよく考え、研究し、自信をもって歩み出すことが大切です。
　　　□ 1. その経営コンサルマーケットに将来性はあるか
　　　＊ 10 年後、20 年後の市場性まで考えることも大切

　　　□ 2. その分野に人脈はあるか
　　　＊同業者などに知り合いはいるだろうか

　　　□ 3. 取引先のあてはあるか
　　　＊すぐに取引を開始してもらえるだろうか

　　　□ 4. 事業資金は調達できるか
　　　＊自己資金は？借り入れめどは？

　　　□ 5. どこに店舗や事務所をおくのか
　　　＊仕事がスムーズにいく場所を押さえているのか

　　　□ 6. 毎月どのくらい収入が見込めるのか
　　　＊十分にやっていけるだけの初期収入は見込めるのか、計画がカギ

□ 7. 個人でやるのか、法人にするのか

＊個人事業か、法人にするかでいろいろ変わる

□ 8. 1 日の就業時間はどれくらいか

＊休みが十分に取れないと、体を壊して元も子もなくなる

□ 9. パートナー及び周囲の理解は得られているか

□ 10. 経営リスクに対し覚悟はあるか

ステップ 2）パートナーとの関係

　配偶者のいる方では、人生の大切なパートナーである配偶者の理解も得なければなりません。また、一人やご夫婦で起業する場合と仲間と行う場合があり、それも事前に良く考えなければなりません。同じように下のチェック表で考えてみましょう。

　　・配偶者に対して説明すること
　　□　事業計画
　　□　収入や就業時間
　　□　定期的な収入が確保されないこと
　　□　病気の時などの保障がないこと
　　□　　子どもに説明する必要があるときは、親の生活リズムが変わることなどを話す

・一人（夫婦）で始めるのか、共同作業か

	一人（夫婦）	共同作業
メリット	・成果は全て自分のもの ・小資本で始められる	・より多くの資金が集まる ・一人ではできなかったことが可能になる
デメリット	・自己管理が難しい ・一人では処理しきれないことが出てくる	・パートナーとのトラブル ・成功報酬の配分などで、もめることがある

ステップ 3）事務所計画

　業種業態にもよりますが、何も駅前のビルの一室を事務所にする必要はありません。自宅などの小規模なスペースをオフィスにして、パソコン・インターネッ

トによってビジネスを行うことも可能です。

・通勤時間がないので時間を有効に活用できる
・家族との時間が持ちやすい
・ビジネス街から離れて環境の良いところで仕事ができる
・事務所を借りず、コストを抑えられる

ステップ4）きちんとしたプラン

○何にどれくらいの資金が必要かを見積もる
1）開業時に必要な設備資金
　　・店舗や事務所などの契約料、賃貸料
　　・店舗や事務所の改装費
　　・設備、機械、事務用品などのレンタル料、購入費
　　・法人設立する場合は、登記費用など

2）業展開に必要な運転資金
　　・商品や材料の仕入れ代金
　　・広告宣伝費
　　・家賃やリースなどの諸経費
　　・従業員への給料、アルバイト代
　　・自分の生活費

3）要チェック事項
　　□　開業に必要な資金は？
　　□　開業後半年の運転資金は？
　　□　自己資金はどれくらいあるか？
　　□　借り入れはどれくらい必要か？
　　□　どこから借り入れるか？
　　□　借入金の返済はどうするか？

ステップ5）個人事業か法人か？法実設立のメリットとデメリット

・起業する場合、法人設立のメリットとデメリットをよく知っておくことが大切です

	個人事業	法人事業
開業費用	事業を始めるのに必要な費用だけ	開業費用以外に登記費用も必要
事業の変更	始めるのも辞めるのも、いつでもできる	定款の変更が必要
社会的信用	法人に比べると不利 個人の信用しかない	法律で社会的に認められた存在 社会的信用が高く、金融機関からの資金借り入れも有利
事業に対する責任	事業主がすべてに責任を取らなければならない	基本的に出資額までの責任
報　酬	稼いだだけ、利益がそのまま収入になる	あらかじめ決めた報酬を受ける
社会保険	国民健康保険、国民年金にしか加入できない	健康保険、厚生年金に加入できる
会　計	経理も確定申告も簡単で、自分でできる	決算書を作成しなければならない 専門家に頼むのが一般的
税　金	所得税は超過累進税率で、課税所得が1,800万円を超えると40%の税率となる	法人税は税率が基本税率23.9%、中小企業の特例で15%となっている（平成27年度）

法人のメリット	法人のデメリット
社会的信用がある 法律に基づいた登記によって認知されているので信用がある（取引先にとって信用調査がしやすい）	登記手続きが必要 登記手続きが煩雑で専門家に依頼すると、登記費用に加えて代行費用もかかる
資金調達しやすい 金融機関からの借り入れがしやすい 知人など型の借り入れも出資という形を取ることができる	資本金が必要
リスク分散できる 責任は出資額までに限定できる （借り入れをする場合は個人保証と同じ）	決算が煩雑 経理は複式簿記 決算は専門家に代行してもらえれば費用が必要
税制面で有利 所得税より法人税のほうが税率は低い 法人は社長の給与が認められ、節税メリットがある	

ステップ６）事業計画書

❶目的とねらい・・・何をやるのかを書く

❷事業環境・・・事業を取り巻くビジネス環境、市場動向、顧客動向、競争動向などを分析した結果を書く

❸事業領域と成功要因・・・事業の展開のしかたと事業が成功する理由を書く

❹事業の概要・・・事業の全体像と展望を描く

❺事業目標と事業戦略・・・１年、３年、５年後など、一定時期までに達成すべき目標とそれを成功させる方法を書く

❻ターゲット市場と顧客・・・どんな市場にどんな方法で参入するかを書く

❼運営体制・・・組織、営業体制など事業展開する体制を書く

■その他のポイント
・収益性がある
・意外性がある
・必要性を感じさせる
・将来性を感じさせる

ステップ7）中小企業診断士事業計画開発シート作成
中小企業診断士として自らのキャリアビジョンとビジネス領域を考え、事業開発
を設計計画することが重要です。そのためには、中小企業診断士計画開発シート
により設計計画していきます。

1）の目的と狙いは事業理念を具体的に明確にして明記することです。事業理念
のポイントは①方針のために②何のために③何をするかを考え明確にします。

2）の事業環境は自ら経営コンサル事業領域の状況を調べ、どのように現状かど
うかを詳しく調べ重要点明記します。例えば競合状況、問題点、不安点、課題点
など目指す事業領土への参考方法を考えまとめます。

3）の事業領域の成功要因はあくまでこうすれば成功すると思える具体的方法を
考え明記します。例えば事業領域の課題解決方法や不安点の払拭方法など自ら出
る方法を具体的に成功要因のポイントに位置づけます。

4）のターゲット市場顧客は事業領域による顧客（クライアント）は誰か（会社、
団体）を具体的にします。例えば新規業界は自らの経営コンサル力（キャリア、
実績、資格、ノウハウ）の提供する方法を明記します。そして何をどのように成
果が出せるかを具体的にします。

5）事業戦略は具体的にターゲットに向けて何からアプローチし、どのようなス
テップで経営コンサル事業開発をするか時間的ステップと難易度を相互に関係
し、現実的な行動計画を立てます。

6）事業スキーム及び最後に（1）～（5）を関連付けて図式に設計し直し図を
基に全体的に事業計画を分かりやすくイメージ化します。

7）最後に中小企業診断士事業計画開発シートⅡに事業開発に必要なイニシャル
コストとラーニングコストを計算します。そして売上計画（目標）を立て、必要
運営資金を計画し、キャッシュフロー計画を立てます。

中小企業診断士キャリアデザイン開発

1.　中小企業診断士事業計画開発シートI

（1）　目的と狙い（事業理念）	（2）　事業環境
（3）　事業領域と成功要因	（4）　事業概要（スキーム）
（5）　ターゲット市場・ターゲット顧客	（6）　事業戦略

事例①

（1）目的と狙い（事業理念）	（2）事業環境
・地域コミュニティーの柱としての中小企業の育成・支援 →少子高齢化社会の進展いより今までの家族や企業をまとまりとした社会から近隣に居住する人々がつながりをもつ重要性が高まることを念頭に、居住者と地域活動をつなぐことでより多くの人が農や独自性を生かした地域企業ができるために活動する →中小企業がその地域の雇用や消費、地域活動に積極的に参加できる適正な収益を確保できるように中小企業支援活動を主としして行う	・勤務している信用金庫の営業地域に対する活動 →中小企業金融：中小企業の資金調達についての活動 →商店街活性化：地域の商店街の活性化を行う →都市農業：都市部にとって豊かな文化的な生活や存続は、遠方への外出が困難な高齢者などにとって可能な事業である。 →商店街活性化：都市部の商店街の活性化による生産緑地の宅地化の発展による農業衰退をを防ぐために地域の地主つなぎ都市農業を活性化する

（3）事業領域と成功要因	（4）事業概要（スキーム）
・勤務する信用金庫の顧客を中心にそのような活動を提案し、既存の地域活動などの参加を行い、地域ごとの特性、可能性を把握しつつ人的なネットワークを形成する ・形成したネットワークをもとに勤務先顧客以外とのネットワークも形成し、より地域活性に寄与できるような立場や構築する ・社内、社外での協力者を増やし、効果のある多様な活動への対応を可能とする	・対象地域の商店街、農地保有者へのアプローチ ・地方公共団体よりの事業資金申込等の積極的な受け入れを行い地域企業とのつながりを強化する ・地域活性化のための会議などの開催、地域内マッチングの実施 →事業承継者などの提案、外注先紹介、イベントや、大規模改修などへの提案 ・農地保有者と居住している人々へのマッチング →農業に従事できる人材を確保、自ら居住する居住者などをつなぎすることで、地域文化を形成する

（5）ターゲット市場・ターゲット顧客	（6）事業戦略
・活性化を望む商店街、個人商店 ・地域既存の中小企業・地域居住者の従業員が多い企業 ・地域不動産を検討している事業希望者 ・生産緑地を保有する後継者未定の農業者 ・マンション等居住している地域居住者 ・定年後の健康や地域ボランティアのための時間を求めている人 ・地域生産の安全な食物を子供に提供したいと考えるファミリー世帯	・社内で地域活性化のための活動の承諾、他の参加者の獲得 ・地方の地主などとのつながりの強化 →地域不動産などとのつながり強化、近くで農業ができることをメリットとしてもらう（新規居住者獲得の強みなど） ・成果、活動を広報する仕組みづくり →企業HP掲載、参加者SNS、地域広報誌、新聞社地域版への情報提供

（1）目的と狙い（事業理念）

・当面は、現職（商工会経営指導員）を継続しながら、中小企業診断士の資格を活かし、経営改善や補助金申請に向けた助言をしていき、自身の事業環境を整えて、独立、開業したい。

・第一には、顧問契約先企業に顧問料を支払ったうえで、中小企業診断士などの専門家に相談することに対する報酬を得ることだが、それ以上の知見を導入することで、コストはかかっても、それ以上の知見を導入することで、事業への効果をもたらすことができることを知らしめる。

・補助金、助成金の受給成功の実績から顧問契約企業を確保していく。

（2）事業環境

・現職では、多くの企業からの相談事項に対応しており、中小企業診断士のニーズは多いと考える。

・新型コロナウイルス感染症の影響もあり、国、地方自治体からの助成金、補助金が充実しているので、各企業に合った制度の紹介、申請への助言、申請書の作成を行っていく。

・ゆくゆくは開業、申請書の作成などかかわりのない企業が多いため、特に私に居住する千葉県の郊外で活動し、機動力をもって専門家として活動していく。

（3）事業領域と成功要因

・商工会の経営指導員として、補助金、助成金制度への知見があるので、その知見を活かし、また、申請書の作成や採択されやすい申請内容についての知見を活かし、申請書作成代行や作成助言を行っていく。

・現職では、補助金や助成金に関する情報を入手しやすく状況にあり、主た商工会へ加入している企業の現状を詳しく知り、どのような補助金、助成金が受給できるかを判断できることは、効果的な申請、受給手続きや、受給後のフォローアップが容易にでき、各企業から信頼や支持を得やすいと考える。

（4）事業概要（スキーム）

・商工会の職員としての仕事に、兼業・副業が認められていないが、現職で中小企業診断士の資格を存分に活用できると考える。

・経営診断士の資格を活かせるので、職務の高い補助金、助成金の申請や、財務上の問題解決や販路拡大への貢献として、商工会加入（5年程度）、個人として開業し、中小企業や創業希望者への貢献し、今までの経験を活かし、顧問先を獲得し、対応出来る事業内容の拡大・深耕していく。

（5）ターゲット市場・ターゲット顧客

・前述の通り、自身の現職のなかで、支援ができていない中小企業や、支援することで、業務改善や財務体質改善につながる先を対象に支援していく。

・各企業に合った制度や、制度の対象となりそうな企業をマッチングして、適切な補助金を適切に当てはめていく。

・創業希望者にも補助金や各種制度を適切に助言をして、創業に至るまでに何が必要かを示して、各種手続きが円滑に進み、事業のスタートダッシュが切れるような助言をしていく。

（6）事業戦略

・勤務している商工会の加盟企業を主たる対象とし、経営改善及び事業の一環として、中小企業診断士としての肩書を信用に繋げて、助言や経営者と伴走しての支援に活かしていく。

・補助金や係助成金などの各種制度や、中小企業に関する施策などの最新情報に触れることができるので、常に最新の知識や社会の動向を把握して、その情報を支援に活かしていきたい。

事例③

（1）目的と狙い（事業理念）	・勤務先（社内） データの集約、管理、活用が不十分な業務・部署について、データ管理の高度化を行うことにより、自社の競争力向上に貢献する ・社外活動 中小企業のデジタル化支援により、中小企業のデジタル化による生産性を向上に貢献する
（2）事業環境	・勤務先（社内） グループ各社一体でのデータの利活用が課題になっており、データ管理高度化の重要性に対する認識が高まっている ・社外活動 DXに代表されるようにデジタル化に関しては社会的に関心が高まっており、また国などの補助金・助成金も期待できることから、事業機会は多い
（3）事業領域と成功要因	・勤務先（社内） データ管理の高度化支援 ・社外活動 デジタル化支援を中心としてIT推進支援
（4）事業概要（スキーム）	・勤務先（社内） 社内に設置するデータ活用プロジェクトチームにおいて、全社的に活用できるデータベースとその利用環境を整備する ・社外活動 デジタル化で困っている中小企業の相談を受け、各社に合ったデジタル化を、企業と共に進める
（5）ターゲット市場・ターゲット顧客	・勤務先（社内） IT部門 マーケティング部門　他 ・社外活動 デジタル化が進んでおらず、改善したいと考えている中小企業
（6）事業戦略	・勤務先（社内） IT部門の企画グループを主体に、マーケティング、営業部門等を共同でデータ活用プロジェクトチームを設置し、新たなデータベースを構築する ・社外活動 中小企業の相談窓口に在籍し、デジタル化で困っている中小企業の相談にのり、その中で具体的案件になる場合は支援にいらせていただく

中小企業診断士事業計画開発シートⅡ

費用計画 (B)		売上計画 (A)	資金計画	
事業開発費用 （イニシャルコスト）	事業管理費用 （ランニングコスト）		入金 (D)	支払金 (E)
合計	合計	合計	合計	合計
合計				
(A) － (B) 収益合計			(D) － (E) 収支計	

実例①

費用計画 (B)			売上計画 (A)		資金計画 入金 (D)		支払金 (E)	
事業開発費用 （イニシャルコスト）	設立費用	300,000	講演料（年2回）	300,000	講演料	300,000	設立費用	300,000
事業管理費用 （ランニングコスト）	通信費	60,000	執筆業務謝金	30,000	執筆業務謝金	30,000	通信費	60,000
	水道光熱費	84,000					水道光熱費	84,000
	補助金業務下請	120,000					自動車リース代	120,000
	自動車リース代	40,000					自動車リース代	40,000
	診断士協会	0					診断士協会	120,000
	執筆業務謝金	30,000						
	事務所代（自宅）	0					その他交通費	120,000
	その他交通費	120,000					交際費	30,000
	交際費	30,000						
合計	300,000	454,000	合計	330,000	合計	330,000	合計	754,000
	(A) － (B) 収益合計	▲424,000					(D) － (E) 収支計	▲424,000

備考）

企業内診断士のため、採算は度外視して計画している

設立費用は合同会社にした場合は10万円

補助金・診所業務下請は、兼業禁止のため実務ポイント獲得のために引き受ける

通信費・水道光熱費は自宅のものを流用するため実質的な負担なしとする

図書費など調査費用は、図書館の利用などで削減

191

日本政策金融公庫の融資制度

１．国民生活事業

小規模企業向けの小口資金や新規開業資金、教育ローンなど
一般貸付

融資制度	ご利用いただける方	融資限度額
一般貸付	事業を営む方（ほとんどの業種の方にご利用いただけます。）	4,800 万円 特定設備資金：7,200 万円

セーフティネット貸付

融資制度	ご利用いただける方	融資限度額
経営環境変化対応資金	売上が減少するなど業況が悪化している方	4,800 万円
金融環境変化対応資金	取引金融機関の経営破たんなどにより、資金繰りに困難を来している方	別枠 4,000 万円
取引企業倒産対応資金	取引企業などの倒産により経営に困難を来している方	別枠 3,000 万円

新企業育成貸付

融資制度	ご利用いただける方	融資限度額
新規開業資金	新たに事業を始める方または事業開始後おおむね 7 年以内の方	7,200 万円 （うち運転資金 4,800 万円）
女性、若者／シニア起業家支援資金	女性または 35 歳未満か 55 歳以上の方であって、新たに事業を始める方または事業開始後おおむね 7 年以内の方	7,200 万円 （うち運転資金 4,800 万円）
再挑戦支援資金 （再チャレンジ支援融資）	廃業歴等のある方など一定の要件に該当する方で、新たに事業を始める方または事業開始後おおむね 7 年以内の方	7,200 万円 （うち運転資金 4,800 万円）
新事業活動促進資金	経営多角化、事業転換などにより、第二創業などを図る方	7,200 万円 （うち運転資金 4,800 万円）
中小企業経営力強化資金	外部専門家の指導や助言、または「中小企業の会計に関する基本要領」の適用などにより、経営力の強化を図る方	7,200 万円 （うち運転資金 4,800 万円）

２．企業活力強化貸付

融資制度	ご利用いただける方	融資限度額
企業活力強化資金	卸売業、小売業、飲食サービス業、サービス業または一定の要件を満たす不動産賃貸業を営む方で、店舗の新築・増改築や機械設備の導入を行う方など	7,200 万円 （うち運転資金 4,800 万円）
IT 活用促進資金	情報化投資を行う方	7,200 万円 （うち運転資金 4,800 万円）
海外展開・事業再編資金	海外展開を図る方など	7,200 万円 （うち運転資金 4,800 万円）
地域活性化・雇用促進資金	承認地域経済牽引事業計画などに従って事業を行う方または雇用創出効果が見込まれる設備投資を行う方など	7,200 万円 （うち運転資金 4,800 万円）
ソーシャルビジネス支援資金	社会的課題の解決を目的とする事業を営む方など	別枠 7,200 万円 （うち運転資金 4,800 万円）
事業承継・集約・活性化支援資金	事業を承継する方など	別枠 7,200 万円 （うち運転資金 4,800 万円）
観光産業等生産性向上資金	観光に関する事業を営み、生産性向上に向けた取組みを図る方	7,200 万円 （うち運転資金 4,800 万円）
働き方改革推進支援資金	非正規雇用の処遇改善に取り組む方や従業員の長時間労働の是正に取り組む方など	7,200 万円 （うち運転資金 4,800 万円）

３．環境・エネルギー対策貸付

融資制度	ご利用いただける方	融資限度額
環境・エネルギー対策資金	非化石エネルギー設備や省エネルギー効果の高い設備を導入する方または環境対策の促進を図る方	7,200 万円 （うち運転資金 4,800 万円）
社会環境対応施設整備資金	自ら策定した BCP に基づき、防災に資する施設等の整備を行う方	7,200 万円 （うち運転資金 4,800 万円）

４．企業再生貸付

融資制度	ご利用いただける方	融資限度額
企業再建資金	中小企業再生支援協議会の関与もしくは民事再生法に基づく再生計画の認可などにより企業の再建を図る方	別枠 7,200 万円 （うち運転資金 4,800 万円）

5．その他の融資制度

融資制度	ご利用いただける方	融資限度額
災害貸付	災害により被害を受けた方	各融資制度の限度額に1災害あたり上乗せ3,000万円
東日本大震災復興特別貸付	東日本大震災により被害を受けた方	直接被害、間接被害を受けた方各融資制度の限度額に上乗せ6,000万円 その他震災の影響を受けた方4,800万円（別枠） （生活衛生セーフティネット貸付は、5,700万円（別枠））
令和元年台風第19号等特別貸付	令和元年台風第19号、第20号および第21号により被害を受けた方	直接被害、間接被害を受けた方各融資制度の限度額に上乗せ6,000万円 その他台風の影響を受けた方4,800万円（別枠） （生活衛生セーフティネット貸付は、5,700万円（別枠））
新型コロナウイルス感染症特別貸付	新型コロナウイルス感染症の影響により、売上が減少するなど業況が悪化している方	別枠8,000万円
新型コロナウイルス感染症対策挑戦支援資本強化特別貸付（新型コロナ対策資本性劣後ローン）	新型コロナウイルス感染症の影響を受けているスタートアップ企業や事業再生に取り組む方等	別枠7,200万円
令和2年7月豪雨特別貸付	令和2年7月豪雨により被害を受けた方	直接被害、間接被害を受けた方各融資制度の限度額に上乗せ6,000万円 その他台風の影響を受けた方4,800万円（別枠） （生活衛生セーフティネット貸付は、5,700万円（別枠））
食品貸付	食品関係の小売業・製造小売業または花き小売業を営む方で、店舗の新築・増改築、機械設備の導入、フランチャイズチェーンへの加盟などを行う方	7,200万円
マル経融資（小規模事業者経営改善資金）	商工会議所、商工会または都道府県商工会連合会の実施する経営指導を受けている方であって、商工会議所等の長の推薦を受けた方	2,000万円
小規模事業者経営発達支援資金	経営発達支援計画の認定を受けた商工会議所・商工会から事業計画の策定・実施の支援を受け、持続的発展に取り組む小規模事業者の方	7,200万円（うち運転資金4,800万円）

挑戦支援資本強化特例制度（資本性ローン）	創業・新事業展開・海外展開・事業再生等に取り組む中小企業・小規模事業者であって、地域経済の活性化のために、一定の雇用効果が見込まれる事業、地域社会にとって不可欠な事業、技術力の高い事業などに取り組む方	4,000 万円（事業承継・集約・活性化支援資金をご利用の方は別枠 4,000 万円）
担保を不要とする融資	税務申告を 2 期以上行っている方	4,800 万円
新創業融資制度	新たに事業を始める方または事業開始後税務申告を 2 期終えていない方	3,000 万円（うち運転資金 1,500 万円）
創業支援貸付利率特例制度	新たに事業を始める方または事業開始後税務申告を 2 期終えていない方	各融資制度に定める融資限度額
経営者保証免除特例制度	事業資金を利用される方	適用した融資制度の融資限度額
設備資金貸付利率特例制度（東日本版）	福島復興再生特別措置法に定める避難指示・解除区域が所在した市町村において雇用の維持または拡大が見込まれる設備投資を行う方	各融資制度に定める融資限度額
設備資金貸付利率特例制度（全国版）	5 年間で 2% 以上の付加価値額の伸び率が見込まれる設備投資を行う方	各融資制度に定める融資限度額

6．生活衛生貸付

融資制度	ご利用いただける方	融資限度額
一般貸付（生活衛生貸付）	生活衛生関係の事業を営む方	7,200 万円〜 4 億 8,000 万円
振興事業貸付	振興計画の認定を受けている生活衛生同業組合の組合員であって、生活衛生関係の事業を営む方	設備資金：1 億 5,000 万円〜 7 億 2,000 万円 運転資金：5,700 万円
生活衛生改善貸付	生活衛生関係の事業を営んでおり、生活衛生同業組合等の実施する経営指導を受けている方であって、生活衛生同業組合等の長の推薦を受けた方	2,000 万円
防災・環境対策資金（環境対策関連貸付）〈特例貸付〉	店舗の防火安全の確保、アスベストの除去および耐震診断・耐震改修を行う方	一般貸付または振興事業貸付における設備資金・運転資金それぞれの融資限度額＋ 3,000 万円
生活衛生新企業育成資金（新企業育成・事業安定等貸付）〈特例貸付〉	生活衛生関係の事業を創業する方または創業後おおむね 7 年以内の方	設備資金：7,200 万円〜 7 億 2,000 万円 運転資金：5,700 万円

地域活性化・雇用安定資金（新企業育成・事業安定等貸付）〈特例貸付〉	設備投資を行うことにより、新たに2名以上（一定の要件に該当する場合は1名以上）の雇用が見込まれる方または店舗・事務所等を地方に新増設することなどにより、若者（35歳未満）を雇用する方もしくは地方創生に資する事業として地方公共団体が認めた事業を行う方	一般貸付または振興事業貸付の融資限度額＋3,000万円
生活衛生事業承継・集約・活性化支援資金（新企業育成・事業安定等貸付）〈特例貸付〉	生活衛生関係営業を営む方で事業を承継する方など	設備資金：7,200万円〜7億2,000万円 運転資金：5,700万円
福祉増進資金（健康・福祉増進貸付）〈特例貸付〉	店舗のバリアフリー化など、高齢者、乳幼児を抱える女性などが利用しやすい店舗にするための設備投資をする方	一般貸付または振興事業貸付の融資限度額＋3,000万円
経営環境変化対応資金（生活衛生セーフティネット貸付）〈特別貸付〉	振興計画の認定を受けている生活衛生同業組合の組合員の方であって、売上減少等の業況悪化を来している方	5,700万円
金融環境変化対応資金（生活衛生セーフティネット貸付）〈特別貸付〉	振興計画の認定を受けている生活衛生同業組合の組合員の方であって、取引金融機関との取引状況の変化等一定の要件を満たす方	別枠4,000万円
生活衛生企業再建資金（生活衛生企業再生貸付）〈特別貸付〉	振興計画の認定を受けている生活衛生同業組合の組合員の方であって、企業再建に取り組む方	5,700万円
生活衛生新型コロナウイルス感染症特別貸付	生活衛生関係の事業を営む方であって、新型コロナウイルス感染症の影響により、売上が減少するなど業況が悪化している方	別枠8,000万円
生活衛生新型コロナウイルス感染症対策挑戦支援資本強化特別貸付（生活衛生新型コロナ対策資本性劣後ローン）	生活衛生関係の事業を営む方であって、新型コロナウイルス感染症の影響を受けているスタートアップ企業や事業再生に取り組む方等	別枠7,200万円
衛生環境激変特別貸付〈特別貸付〉	生活衛生関係の事業を営む方であって、感染症または食中毒の発生による衛生環境の激変に起因して一時的な業況悪化から衛生水準の維持向上に著しい支障を来している方	衛生環境の激変事由ごとに別枠1,000万円

7．中小企業事業

中小企業向けの長期事業資金

・新企業育成貸付

融資制度	ご利用いただける方	融資限度額
新事業育成資金	新規性、成長性のある事業を始めておおむね 5 年以内の方など	7 億 2,000 万円
女性、若者／シニア起業家支援資金	女性または 35 歳未満か 55 歳以上の方であって、新たに事業を始める方または事業開始後おおむね 7 年以内の方	7 億 2,000 万円（うち運転資金 2 億 5,000 万円）
再挑戦支援資金（再チャレンジ支援融資）	廃業歴等のある方など一定の要件に該当する方であって、新たに事業を始める方または事業開始後おおむね 7 年以内の方	7 億 2,000 万円（うち運転資金 2 億 5,000 万円）
新事業活動促進資金	「経営革新計画」の認定を受けた方、経営多角化、事業転換などにより、第二創業または新たな取り組みなどを図る方など	7 億 2,000 万円（うち運転資金 2 億 5,000 万円）
中小企業経営力強化資金	外部専門家の指導や助言、または「中小企業の会計に関する基本要領」などの適用により、経営力の強化を図る方	7 億 2,000 万円（うち運転資金 2 億 5,000 万円）

8．企業活力強化貸付

融資制度	ご利用いただける方	融資限度額
企業活力強化資金	卸売業、小売業、飲食サービス業またはサービス業を営む方で、店舗の新築・増改築や機械設備の導入を行う方など	7 億 2,000 万円（うち運転資金 2 億 5,000 万円）
IT 活用促進資金	情報化投資を行う方	7 億 2,000 万円（うち運転資金 2 億 5,000 万円）
海外展開・事業再編資金	海外展開や海外展開事業の再編を行う方	別枠 14 億 4,000 万円（うち運転資金 9 億 6,000 万円）
海外展開・事業再編資金（クロスボーダーローン）	「経営革新計画」、「経営力向上計画」または「地域経済牽引事業計画」の承認を受けた方の海外現地法人	別枠 14 億 4,000 万円（うち運転資金 9 億 6,000 万円）
地域活性化・雇用促進資金	雇用創出効果が見込める設備投資を行う方、地域への経済波及効果の高い事業活動に取り組む方など	7 億 2,000 万円（うち運転資金 2 億 5,000 万円）
事業承継・集約・活性化支援資金	経済的または社会的に有用な事業や企業を承継・集約化する方など	別枠 7 億 2,000 万円
観光産業等生産性向上資金	観光に関する事業を行う方であり、かつ、事業計画を策定し、生産性向上に向けた取組みを図る方	7 億 2,000 万円（うち運転資金 2 億 5,000 万円）

| 働き方改革推進支援資金 | 働き方改革の推進や多様な人材の活用促進に取り組む方など | 7億2,000万円（うち運転資金2億5,000万円） |

9．環境・エネルギー対策貸付

融資制度	ご利用いただける方	融資限度額
環境・エネルギー対策資金	非化石エネルギー設備や省エネルギー効果の高い設備を導入設置する方または環境対策の促進を図る方	7億2,000万円（うち運転資金2億5,000万円）
社会環境対応施設整備資金	災害等の発生に備えて防災に資する施設等を整備する方	7億2,000万円（うち運転資金2億5,000万円）

10．セーフティネット貸付

融資制度	ご利用いただける方	融資限度額
経営環境変化対応資金	売上が減少するなど業況が悪化している方	7億2,000万円
金融環境変化対応資金	金融機関との取引状況の変化などにより、資金繰りに困難を来している方	別枠3億円
取引企業倒産対応資金	取引企業などの倒産により経営に困難を来している方	別枠1億5,000万円

11．企業再生貸付

融資制度	ご利用いただける方	融資限度額
事業再生支援資金	〈アーリーDIP〉 民事再生法の規定による再生手続開始の申立て等を行った方 〈レイターDIP〉 民事再生法に基づく再生計画の認可決定等を受けた方	7億2,000万円（うち運転資金2億5,000万円）
企業再建資金	経営改善または経営再建等に取り組む方など	別枠7億2,000万円

12．その他の融資制度

④融資制度	ご利用いただける方	融資限度額
災害復旧貸付	別に指定された災害により被害を被った中小企業の方	別枠1億5,000万円
東日本大震災復興特別貸付	東日本大震災により被害を受けた方	別枠7億2,000万円 別枠3億円

令和元年台風第 19 号等特別貸付	令和元年台風第 19 号、第 20 号または第 21 号により被害を受けた方	別枠 7 億 2,000 万円 別枠 3 億円
令和 2 年 7 月豪雨特別貸付	令和 2 年 7 月豪雨により被害を受けた方	別枠 7 億 2,000 万円 別枠 3 億円
新型コロナウイルス感染症特別貸付	新型コロナウイルス感染症の影響により、一時的な売上高の減少等業況が悪化している方	別枠 6 億円
新型コロナウイルス感染症対策挑戦支援資本強化特別貸付	新型コロナウイルス感染症の影響を受けた方であって、関係機関の支援を受けて事業の発展・継続を図る方	別枠 10 億円
挑戦支援資本強化特例制度（資本性ローン）	直接貸付において、新企業育成貸付、企業活力強化貸付（一部の制度を除く。）または企業再生貸付（一部の制度を除く。）を利用される方で、地域経済の活性化のために、一定の雇用効果（新たな雇用または雇用の維持）が認められる事業、地域社会にとって不可欠な事業、技術力の高い事業などに取り組む方。	3 億円
公庫融資借換特例制度	セーフティネット貸付制度の経営環境変化対応資金及び金融環境変化対応資金、東日本大震災復興特別貸付、令和元年台風第 19 号等特別貸付、令和 2 年 7 月豪雨特別貸付、企業再生貸付制度の企業再建資金（シンジケートローン特例除く）、企業活力強化貸付制度の事業承継・集約・活性化支援資金、新型コロナウイルス感染症特別貸付または新型コロナウイルス感染症対策挑戦支援資本強化特別貸付による貸付けを受ける方	適用した特別貸付制度の貸付限度額
シンジケートローン特例	企業再建資金（企業再生貸付）の要件を満たし、かつ、一定の要件に該当する方	原則として別枠 7 億 2,000 万円
設備資金貸付利率特例制度（東日本版）	福島復興再生特別措置法に定める避難指示・解除区域が所在した市町村において雇用の維持または拡大が見込まれる設備投資を行う方	適用した特別貸付制度の貸付限度額
設備資金貸付利率特例制度（全国版）	5 年間で 2％以上の付加価値額の伸び率が見込まれる設備投資を行う方	適用した特別貸付制度の貸付限度額
5 年経過ごと金利見直し制度	最終期限までご契約時に定められた固定金利を適用する方法、ご契約時から 5 年経過ごとに金利を見直す方法のいずれかを、お客様は選択できます。	-

中小企業の海外現地法人等の現地流通通貨建て資金調達支援

制度	ご利用いただける方	補償限度額
スタンドバイ・クレジット制度	所定の法律に基づく計画の承認又は認定を受けた方	1法人あたり4億5千万円

13．農林水産事業
農林漁業や食品産業向けの事業資金

農業

融資制度	ご利用いただける方	融資限度額
スーパーL資金	認定農業者	【個人】3億円（特認6億円） 【法人】10億円（特認20億円［一定の場合30億円]）
青年等就農資金	認定新規就農者	3,700万円（特認1億円）
農業改良資金（農業者向け）	エコファーマー、六次産業化法の認定を受けた農業者等	【個人】5,000万円 【法人・団体】1億5,000万円
経営体育成強化資金	農業を営む個人、法人・団体であって、経営改善資金計画または経営改善計画を融機関に提出された方、認定新規就農者、農業参入法人等	負担額の80%、ただし 【個人・農業参入法人】1億5,000万円、 【法人・団体】5億円
スーパーW資金	認定農業者が加工・販売などを行うために設立した法人（アグリビジネス法人）	事業費の80%以内 ※一部の場合、事業費の90%以内となります。
畜産経営環境調和推進資金	「処理高度化施設整備計画」について、都道府県知事の認定を受けた畜産業（畜種は牛、豚、鶏、馬に限る）を営む個人・法人 「共同利用施設整備計画」について、都道府県知事の認定を受けた農業協同組合、農業協同組合連合会、畜産業を営む方が組織する5割法人・団体	負担額の80%（特認90%）または 【個人】3,500万円（特認1億2,000万円） 【法人】7,000万円（特認4億円）

14．林業

融資制度	ご利用いただける方	融資限度額
林業基盤整備資金（造林資金）	林業を営む方、森林組合、森林組合連合会、農業協同組合	負担する額の80%
森林整備活性化資金	林業を営む方、森林組合、森林組合連合会、農業協同組合	負担額の7分の2に相当する額
林業経営育成資金（森林取得－林地取得）	林業を営む方	負担額80%以内、または各融資条件における限度額のいずれか低い額

15. 漁業

融資制度	ご利用いただける方	融資限度額
漁業経営改善支援資金（経営改善）	漁業を営む個人または法人、漁業生産組合、漁業協同組合、漁業協同組合連合会（共同利用施設に限る）、一般社団法人（共同利用施設に限る）	船の種類や貸付金の使途により融資限度額が異なる

16. 農林漁業共通

融資制度	ご利用いただける方	融資限度額
東日本大震災の震災特例融資	各資金に定める要件のほか、東日本大震災に係る各特例措置の条件を満たす方	各融資制度に定めるご融資額以内（一部資金は限度額の引き上げあり）
農林漁業セーフティネット資金	認定農業者、認定新規就農者、林業経営改善計画認定者、漁業経営改善計画認定者のほか、（1）農林漁業所得が総所得の過半を占める、または、農林漁業粗収益が200万円以上の個人、（2）農林漁業売上高が総売上高の過半を占める、または農林漁業売上高が1,000万円以上の法人　等	【一般】600万円 【特認】年間経営費等の6/12以内
資本性ローン	新規分野等挑戦事業に取り組む農林漁業を営む方（法人に限る）	みなし自己資本比率が40％に達するのに必要な額、または1億円のいずれか低い額
特別振興資金	農林漁業を営む個人・法人であって特別振興事業を行う方	負担する額の80％以内
振興山村・過疎地域経営改善資金	「農林漁業経営改善計画」について都道府県知事の認定を受けた農林漁業を営む個人・法人、または、「農林漁業振興計画」について都道府県知事の認定を受けた農業協同組合、森林組合、水産業協同組合　等	【個人】1,300万円（特別の場合2,600万円） 【法人】5,200万円（特別の場合6,000万円～5億円）
農林漁業施設資金（共同施設利用、農商工連携、6次産業化）	農林漁業を営む者、農業協同組合、農業協同組合連合会、農業共済組合、農業共済組合連合会、土地改良区、土地改良区連合及び農業振興法人等	負担する額の80％
海外展開支援融資	農林漁業を営む方々で、自らの経営改善や国内農林漁業の振興のために海外において国産農産物の販売等を行う方	各融資制度に定めるご融資額以内

17．食品産業

融資制度	ご利用いただける方	融資限度額
国産農林畜水産物を取り扱う食品産業向け資金制度のご案内（農林水産事業）	国産農林畜水産物を取り扱う食品加工・販売業者	各融資制度に定めるご融資限度額以内
農林水産物・食品輸出促進資金制度	食品等製造業者またはそれらの組織する法人、食品等販売業者またはそれらの組織する法人、卸売市場の開設者・卸売業者・仲卸業者・仲卸業者組合、農林漁業者またはそれらの組織する法人（農業協同組合等）等	負担額の80％
食品流通改善資金（食品等生産製造提携型施設）	食品等製造業者またはそれらの組織する法人（事業協同組合等）、農林漁業者またはそれらの組織する法人（農業協同組合等）	負担額の80％以内
食品流通改善資金（食品等生産販売提携型施設）	食品等販売業者またはそれらの組織する法人（事業協同組合等）、農林漁業者またはそれらの組織する法人（農業協同組合等）	負担額の80％以内
食品流通改善資金（卸売市場近代化施設、卸売市場機能高度化型施設）	卸売市場の開設者・卸売業者・仲卸業者・卸売業者等の組織する法人	負担額の70〜80％以内（別途資金使途により限度額あり）
食品産業品質管理高度化促進資金（HACCP資金）	食品の製造・加工の事業を行う方	負担額の80％以内または20億円のいずれか低い額
農業競争力強化支援資金	飲食料品の卸売事業者・小売事業者・製造事業者、配合飼料製造事業者	負担額の80％以内
特定農産加工資金	特定農産加工業者およびこれらを構成員とする事業協同組合等、事業提携による生産の共同化等を行う関連農産業加工業者およびこれらを構成員とする事業協同組合等	負担額の80％以内
中山間地域活性化資金	中山間地域の農林畜水産物を使用して製造・加工を行う方、中山間地域の農林畜水産物（またはその加工品）の販売（飲食提供を含む）の事業を行う一定規模以上の方	負担額の80％以内
新規用途事業等資金	特定農林畜水産物を原材料として新規の用途の実用化等の事業を行う食品製造業者	負担額の80％以内
水産加工資金	水産加工業を営む法人・個人、水産業協同組合、中小企業等協同組合	負担額の80％以内

食品安定供給施設整備資金（米穀新用途利用促進）	米粉または飼料（米穀を原材料とするもの）の製造業者、米穀を原材料とする加工品の製造業者、原料米、米粉及びその加工品、米穀を原材料とした飼料等の販売業者	負担額の80％以内
食品安定供給施設整備資金（米穀新用途利用促進以外）	食品製造業者またはこれらの組織する法人等（外食業者も対象になる場合があります。）	負担額の40％以内（別途地域特例あり）
農業改良資金（認定中小企業者向け）	農商工等連携促進法に定める農商工等連携事業計画の認定を受けた認定中小企業者の方	1億5,000万円（法人・団体の場合）
農業改良資金（促進事業者向け）	6次産業化法により認定された総合化事業計画の実施を支援する促進事業者の方	1億5,000万円（法人・団体の場合）

加賀　博

プロフィール

□略歴
　　慶応義塾大学法学部法律学科卒業
　　沖電気工業株式会社を経て、株式会社リクルートに入社
　　求人情報誌「とらばーゆ」の創刊など数多くの新規事業開発を手がけ、その後
　　独立し現職。これまで800社を超える企業の経営人事・組織開発のコンサルティ
　　ングに携わる。多数の大学院・大学にてキャリア教育学を専任し、年間10000
　　人の学生を教える実績を持つ。

千葉商科大学大学院　中小企業診断士コース客員教授
敬愛大学 客員教授
千葉工業大学 外来講師
新潟産業大学 非常勤講師
学校法人　東和学園　東和 IT 専門学校　学校長
株式会社ジーアップキャリアセンター　代表取締役
一般社団法人　千葉県ニュービジネス協議会　会長
【主な著作物】
・キャリアエンプロイアビリティ形成法（日経ＢＰ社）
・面接官の極意書（中経出版）
・新人から管理職までプロ社員を育てる 88 枚の実行シート（中経出版）
・採用革命－客志向リクルーティングのすすめ（ビジネス社）
・偉大なる奇業家（ビジネス社）
・一期一会の質実経営（ビジネス社）
・人材採用実務体系マニュアル（日本総研ビジコン）
・社員採用マニュアル（プレジデント社）
・人材募集採用マニュアル（PHP 研究所）
・脳・社会力（カナリア書房）
・グローバル人材採用・育成制度開発ガイド（カナリア書房）
・寺院基本経営学（カナリアコミュニケーションズ）
・みんなで考えよう就活と採用（公益財団法人日本生産性本部　生産性労働情報
　センター）

- リクルータースキルハンドブック（公益財団法人日本生産性本部　生産性労働情報センター）
- 派遣社員のためのキャリアデザインハンドブック（公益財団法人日本生産性本部　生産性労働情報センター）
- メンタルヘルスセルフケアハンドブック（公益財団法人日本生産性本部　生産性労働情報センター）
- 人材組織教育総合手法(公益財団法人日本生産性本部　生産性労働情報センター)
- ビジネス基本力 to 将来力（公益財団法人日本生産性本部　生産性労働情報センター）
- キャリア権時代のキャリアデザイン（公益財団法人日本生産性本部　生産性労働情報センター）
- 将来キャリアを左右するキャリア権時代のファーストキャリアデザイン（公益財団法人日本生産性本部　生産性労働情報センター）
- パラダイムチェンジの時代に適応するための 2 つの改革〜経営人材改革×経営基本改革〜（公益財団法人日本生産性本部　生産性労働情報センター）
- ラストキャリアデザインを考える〜人生 100 年時代の長寿高齢社会を迎えて〜（公益財団法人日本生産性本部　生産性労働情報センター）

【画集】
- 空海浪漫（カナリアコミュニケーションズ）
- 龍と日本（カナリアコミュニケーションズ）
  　など 82 冊

2022年6月21日 〔初版第1刷発行〕

著　者	加賀　博	
発　行　所	株式会社カナリアコミュニケーションズ	
	〒141-0031　東京都品川区西五反田1-17-1	
	第二東栄ビル701	
	TEL　03(5436)9701	
	FAX　03(4332)2342	
制作・印刷	株式会社クリード	

©Hiroshi Kaga 2022. Printed in Japan
ISBN978-4-7782-0499-0 C0034

「空海と現代脳力開発」

著：加賀 博

真理に基づく脳力開発が未来を築く。人間らしく生きるとは、空海や釈迦の説く宇宙の原理原則に基づき、自然に生きることです。

動物は自然に生きています。動物や植物は、自らが持つ生命エネルギーを最大限に発揮して生きているのです。だから、自然は美しくみずみずしいのです。自然に生きるためには、人間の持つ脳力を最大限に開発することです。脳が活性化すれば、思いもよらぬ潜在能力のトビラが開き、脳力は発揮され、人間らしい生き方、社会づくりへ導くのです。

発刊:2018年4月20日
定価:1540円（1400円＋税10%）
ISBN:978-4-7782-0426-6

「未来社会を変える『寺院基本経営学』」

著：加賀 博

寺院の経営のなぞが、この一冊で解決！経営から、コミュニケーションのスキルアップの方法まで詳しく解説。少子高齢と超ストレス社会の今日　日本及び日本人のセイフティネットであった寺院の重要性が増している。いかにしてこの重要な役割を果たすのか、その目的、テーマ、具体的方法を「寺院基本経営学」としてまとめた唯一の解決本である。

発刊:2017年5月15日
定価:2750円（2500円＋税10%）
ISBN:978-4-7782-0403-7

カナリアコミュニケーションズの書籍のご案内

「未来を築く若者に伝えたいこと 『思いの力』の教科書」

著：中川 博迪／加賀 博

「思いの力」とは、日常生活で自己成長のために考え抜く力であり、この「思いの力」教科書は、「思いの力」を自分で作り上げるためのものです。そのため、読んで自分と向き合い、自分で気づきや感じたことを大切にする。更に、自分自身の思いをよく整理し理解し、そして将来どのような「思い」を築き上げたらよいか、ステップバイステップで作り上げることのできるよう構成されています。就職活動生をターゲットに、本書を読み、考え、自らの手で書き込みを入れることによって本来の自分の姿が見えてくる、そんな1冊です。

発刊：2013年5月20日
定価：1100円（1000円＋税10%）
ISBN：978-4-7782-0251-4

「グローバル戦略成功の要 グローバル人材 採用・育成・制度 開発ガイド」

著：加賀 博

21世紀今日ほど我が国で、個人の国際化、企業の国際化、政治の国際化が必要とされる時代はかつてありませんでした。そんな環境下で、日本人のアイデンティティーは薄れ、国際的チャレンジ意欲は若者に少なく、このままでは日本の国力、経済力は減少する一方と考えられます。この状況を打開する唯一の方法は、グローバル企業を育て、グローバル産業を開発推進し、世界各国、各地域に貢献する選択肢以外にはありません。そこで本書では、人材・組織開発の普遍的成功法則に基づき、著者の40数年にわたる人材・組織研究の現場体験をもとに普遍的総合手法としてまとめました。グローバル時代を【果敢】にチャレンジされる経営者、管理者、専門家、そしてあらゆるグローバル人材の皆様に、少しでもお役に立つ1冊です。

発刊：2013年5月20日
定価：3300円（3000円＋税10%）
ISBN：978-4-7782-0252-1